Rebel CATS

LEGENDÄRE KATZEN

und ihre Abenteuer

arsEdition

FÜR SCOUT, SAMMY JO, ELSA UND WHISKERS.
VIER DER ALLERBESTEN KATZEN DER WELT.

Titel der Originalausgabe: Rebel Cats. Brave Tales of Feisty Felines

Die Originalausgabe ist 2018 in Großbritannien bei Scholastic Children's Books, a division of Scholastic Ltd erschienen

© 2019 für die deutsche Ausgabe: arsEdition GmbH, Friedrichstr. 9, 80801 München

Alle Rechte vorbehalten

Text: © Kimberlie Hamilton

Aus dem Englischen von Marianne Harms-Nicolai

Illustrationen Innenteil: Allie Runnion, Andrew Gardner, Becky Davies, Charlotte Archer, Emma Jayne, Holly Sterling, Hui Skipp, Jessica Smith, Katie Wilson, Lily Rossiter, Michelle Hird, Nan Lawson, Olivia Holden, Rachel Allsop, Rachel Sanson und Sam Loman

Fotos von Scout und Sammy Jo (Seite 147): Sarah Kathryn Bean
Covergestaltung: arsEdition GmbH
Illustrationen Cover: Rachel Sanson, ilolab/Shutterstock.com
Innengestaltung: Daniela Schulz
ISBN 978-3-8458-3387-3
1. Auflage
Printed at L.E.G.O Spa, Italien

www.arsedition.de

Kimberlie Hamilton

Rebel CATS

LEGENDÄRE KATZEN

und ihre Abenteuer

AUS DEM ENGLISCHEN VON
MARIANNE HARMS-NICOLAI

MIT ILLUSTRATIONEN VON ALLIE RUNNION, ANDREW GARDNER, BECKY DAVIES,
CHARLOTTE ARCHER, EMMA JAYNE, HOLLY STERLING, HUI SKIPP, JESSICA SMITH,
KATIE WILSON, LILY ROSSITER, MICHELLE HIRD, NAN LAWSON, OLIVIA HOLDEN,
RACHEL ALLSOP, RACHEL SANSON UND SAM LOMAN

arsEdition

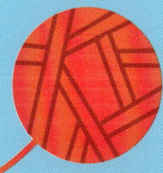

INHALT

AUCH KATZEN KÖNNEN HELDEN SEIN!

Katzen sind Abenteurer – und die geborenen Überlebenskünstler!
Viele von ihnen haben ein wahnsinnig inspirierendes und interessantes
Leben geführt, doch die Geschichte hat sie einfach übersehen
oder vergessen. Ganz schön unfair, oder?

Mit diesem Buch möchten wir das wiedergutmachen.
Es erzählt die heldenhaften Geschichten aus dem
wirklichen Leben von über 30 Kätzchen.

Es wird um Kriegs-Legenden gehen, furchtlose Matrosen auf
hoher See, Weltrekordhalter aus dem *Guinness-Buch der Rekorde*,
Katzen, die zu Bestellern inspirierten, und vieles mehr – sogar
die Geschichte einer »Astro-Katze«, die in den Weltraum
(und wieder zurück!) gereist ist, erzählen wir hier.

Bist du bereit? Dann mach dich auf einige der außerordentlichsten
Katzenfakten und Katzenhaar-sträubendsten Abenteuer gefasst!

WAS WAR WANN?

1233

PAPST GREGOR IX. ERKLÄRT KATZEN ZUR VERKÖRPERUNG DES TEUFELS.

7500 V. CHR.

ERSTE HAUSKATZE AN DER SEITE IHRES MENSCHEN BEERDIGT. AUF EWIG VEREINT!

800

UNBEKANNTER IRISCHER MÖNCH SCHREIBT GEDICHT ÜBER SEINE KATZE, PANGUR BÁN.

1492

KATZEN ERREICHEN AUF KOLUMBUS' SCHIFFEN AMERIKA.

980 V. CHR.

GRIECHISCHE UND PHÖNIZISCHE HÄNDLER BRINGEN ERSTE KATZEN NACH EUROPA.

55 V. CHR.

RÖMISCHE INVASION BRINGT KATZEN NACH ENGLAND.

1348

KATZEN FÜR VERBREITUNG DER PEST VERANTWORTLICH GEMACHT (STIMMT NICHT!).

500 V. CHR.

CHINESISCHER KAISER ERHÄLT KATZE ALS GESCHENK.

1000

RATTEN, RATTEN, RATTEN! KATZEN SIND HEISS BEGEHRT IN DEN IMMER VOLLEREN GROSSSTÄDTEN.

4000 V. CHR.

KATZEN IM ALTEN ÄGYPTEN ALS GÖTTER VEREHRT.

1600

EILMELDUNG: KATZEN DOCH NICHT FÜR SCHWARZEN TOD VERANTWORTLICH! UPS!

600

PROPHET MOHAMMED FORDERT SEINE ANHÄNGER AUF, KATZEN GUT ZU BEHANDELN.

1914

KATZEN DIENEN IN DEN SCHÜTZENGRÄBEN DES ERSTEN WELTKRIEGS.

2018

500 MILLIONEN KATZEN LEBEN WELTWEIT (TENDENZ STEIGEND). STERILISATION UND KASTRATION WERDEN IMMER WICHTIGER.

1606

KATZEN ÜBER 40 MAL IN SHAKESPEARES STÜCKEN ERWÄHNT – SELTEN POSITIV.

1966

TIERSCHUTZ JETZT AUCH IN AMERIKA GESETZ.

1871

ERSTE KATZENAUSSTELLUNG IM *CHRYSTAL PALACE* IN LONDON.

2001

ERSTES GEKLONTES HAUSTIER GEBOREN: KATZE NAMENS CC (FÜR »COPY-CAT«).

1995

REKORD: ZUM ERSTEN MAL MEHR KATZEN ALS HUNDE IN AMERIKA. GROSSBRITANNIEN KNAPP DAHINTER.

1911

GROSSBRITANNIEN VERABSCHIEDET GESETZ ZUM SCHUTZ VON TIEREN.

1692

SCHLECHTE NEUIGKEITEN FÜR KATZEN: HEXENPROZESSE VON SALEM IN AMERIKA.

1939

AUSBRUCH ZWEITER WELTKRIEG. AUCH KATZEN TUN IHRE PFLICHT.

2006

NEUES GESETZ IN DEN USA: KATZEN MÜSSEN JETZT IM KATASTROPHENFALL ZUSAMMEN MIT IHREN BESITZERN GERETTET WERDEN. NEUES ENGLISCHES TIERSCHUTZGESETZ ERKLÄRT KATZENQUÄLEREI FÜR ILLEGAL.

LEGENDÄRE KATZEN!

BEERBOHM
DIE THEATERKATZE, DIE JEDEM DIE SCHAU STAHL

Früher hatte jedes Theater seine eigene Katze. Theaterkatzen jagten Mäuse und sollten Glück bringen – besonders die schwarzen. Einige Schauspieler schmuggelten sogar eigene schwarze Kätzchen hinter die Bühne, um die Vorstellung zum vollen Erfolg zu machen!

Die bekannteste Theaterkatze war ein stämmiger gefleckter Kater namens Beerbohm. Fast 20 Jahre verbrachte er im heutigen *Gielgud Theatre* des Londoner West Ends.

Beerbohm hatte unter den Schauspielern eindeutig Lieblinge, die er mit Sympathie überschüttete. Er strich ihnen um die Beine und machte seine Nickerchen in ihren Garderoben. Mit seinem komischen Namen schien Beerbohm für das Scheinwerferlicht wie geboren zu sein. Und so erschien er denn auch mindestens einmal pro Vorstellung mitten in der Aufführung plötzlich auf der Bühne!

Beerbohm war, wie die meisten Katzen, manchmal ziemlich dreist. Einmal kaute er die Federn von einem der Hüte im Theaterfundus ab. Ein andermal zerriss er im Requisitenregal eine Sammlung ausgestopfter Vögel. Seine schlimmste Missetat? Als er die für eine Inszenierung mit Sand bedeckte Bühne als gigantische Katzentoilette missbrauchte. Das Publikum liebte diesen Auftritt, während die Schauspielerkollegen weniger begeistert waren.

Beerbohms beste Freundin war Fleur, das Kätzchen aus dem Theater gegenüber. Er besuchte sie häufig und musste, um sicher zu ihr zu gelangen, unterwegs den schwarzen Taxis und roten Doppeldeckerbussen ausweichen.

Die theatralische Schmusekatze zog sich im Alter zusammen mit einem der Theatertischler in ein gänzlich undramatisches Leben auf dem Land zurück. Beerbohms Porträt kann aber immer noch an einem Ehrenplatz in der Lobby des *Gielgud* besichtigt werden.

1975–1995
ENGLAND

ALBERNER (UND DUMMER) KATZENABERGLAUBE

Wie **BEERBOHM** nur allzu gut wusste, sind Theaterleute extrem abergläubisch, wenn es um ihre Auftritte geht. Die allerwenigsten Schauspieler nennen im Theater beispielsweise Shakespeares Stück **MACBETH** beim Namen. Sicherheitshalber sagen sie lieber »Du weißt schon, dieses schottische Stück«. Auch **PFEIFEN** ist im Theater strengstens untersagt – und man sollte einem Schauspieler **NIEMALS** »viel Glück« wünschen. Stattdessen ruft man ihm lieber »**HALS- UND BEINBRUCH**« zu!

Kein Tier scheint mehr abergläubische Ängste hervorzurufen als eine Katze – besonders wenn sie schwarz ist. Hier ein paar Beispiele für Katzenaberglaube (**NATÜRLICH ALLES QUATSCH!**):

- PUTZT SICH EINE KATZE, SIND GÄSTE IM ANMARSCH.

- EIN NIESENDES KÄTZCHEN BRINGT GLÜCK.

- FRAUEN MIT SCHWARZEN KATZEN FINDEN IMMER EINEN MANN.

- KREUZT EINE KATZE DEINEN WEG, KANN DAS GLÜCK ODER UNGLÜCK BEDEUTEN – JE NACHDEM, WO DU WOHNST.

- BEWAHRE EIN SCHNURRHAAR IM PORTEMONNAIE AUF UND DU WIRST IMMER GENUG GELD HABEN.

- BEZAHLT MAN GELD FÜR EINE KATZE, WIRD SIE NIE EIN GUTER MÄUSEFÄNGER WERDEN.

- EIN WEISSES HAAR AUF EINER SCHWARZEN KATZE BRINGT GLÜCK.

- ZIEHT EIN KÄTZCHEN DURCH DAS FENSTER IN SEIN NEUES ZUHAUSE EIN, WIRD ES NIEMALS WIEDER WEGLAUFEN.

- DREIFARBIGE KATZEN SCHÜTZEN VOR FIEBER UND FEUER.

BOB
EIN STREUNER IN HOLLYWOOD

In London fand ein vom Glück verlassener Straßenmusiker namens James in einer kalten Nacht einen hungrigen, verletzten Straßenkater. Er fütterte ihn und gab das wenige Geld, das er noch hatte, beim Tierarzt für die Behandlung des armen Kätzchens und für Medikamente aus. Er nannte den freundlichen orangefarbenen Kater Bob.

Als Bobs Verletzungen verheilt waren, blieb er bei James. Er folgte ihm auf Schritt und Tritt. Er saß auf James' Schulter und fuhr sogar Bus und U-Bahn mit ihm in London. Wenn James an Straßenecken sang und Gitarre spielte, nahm Bob auf dem Gitarrenkoffer Platz und ließ gelassen die Welt an sich vorbeiziehen. Manchmal klatschte er James mit der Pfote ab und brachte die Zuschauer damit immer zum Lächeln.

Mit der Zeit begannen Pendler, kurz vorbeizuschauen, nur um mit Bob zu sprechen und ein Foto von ihm zu machen. Sie stellten Videos und Fotos von dem Paar online. Eine Literaturagentin sah die Beiträge und fand, dass aus der herzerwärmenden Geschichte ein gutes Buch werden könnte.

Sie hatte recht. *Bob, der Streuner* wurde auf der ganzen Welt sofort zu einem Bestseller und James schrieb daraufhin noch viele weitere Bücher über seine geliebte Katze.

Der absolute Höhepunkt von Bobs Katzenruhm aber war, dass *Bob, der Streuner* schließlich in Hollywood verfilmt wurde! Ursprünglich wollte der Regisseur des Films mit sechs Doubles für Bob arbeiten – speziell ausgebildeten Katzenschauspielern, – aber Bob sah das ganz anders. Während der Dreharbeiten zu einer Szene stahl er seinen Kollegen derart die Show, dass er sich von da an so oft wie möglich selbst spielte.

Bei der Premiere des Films wurde Bob auf dem roten Teppich sogar einem königlichen Fan vorgestellt – Kate, der Herzogin von Cambridge. Nicht schlecht für eine ehemalige Straßenkatze!

GEBOREN CA. 2007
ENGLAND

20

WORAN DU ERKENNST, DASS DEINE KATZE DICH LIEBT

Katzen sind als Einzelgänger bekannt – aber sind sie wirklich so unnahbar wie ihr Ruf? Viele Kätzchen sind ihren Menschen eng verbunden, so wie Bob. An folgenden Anzeichen lässt sich erkennen, ob du deiner Katze etwas bedeutest:

🐾 SCHNURRT DAS KÄTZCHEN VOR SICH HIN, IST ES ENTSPANNT UND GLÜCKLICH.

🐾 ROLLT EINE KATZE SICH AUF DEN RÜCKEN UND ZEIGT DIR IHREN BAUCH, BEDEUTET DAS, DASS SIE DIR VERTRAUT.

🐾 »KÖPFELT« DIE KATZE, SCHMIEGT SICH ALSO MIT DEN WANGEN ODER IHREM KOPF AN DICH, HEISST DAS: »DU GEHÖRST ZU MIR.«

🐾 KNETET SIE MIT DEN PFÖTCHEN DEINEN SCHOSS, FÜHLT SIE SICH GUT UND IST ZUFRIEDEN.

🐾 SCHLÄFT EINE KATZE AUF DEINEM SCHOSS ODER IN DEINEM BETT, ZEIGT DAS, DASS SIE SICH WOHLFÜHLT.

🐾 EIN LANGSAMES AUGENZWINKERN IST EIN KATZENKUSS. BLINZLE LANGSAM ZURÜCK!

🐾 EIN AUFRECHT STEHENDER KATZENSCHWANZ – ODER DAS HINTERTEIL DER KATZE IN DEINEM GESICHT – BEDEUTET: »ICH FREUE MICH, DICH ZU SEHEN!«

🐾 MIT DEM MIAUEN »SPRICHT« DIE KATZE NUR ZU DEN MENSCHEN. KATZEN MIAUEN SICH UNTEREINANDER EIGENTLICH NICHT AN.

🐾 DAS LECKEN DER HAUT ODER DAS ANKNABBERN DER HAARE SIND WEITERE NIEDLICHE ZEICHEN DER ZUNEIGUNG.

🐾 BRINGT DEIN KÄTZCHEN DIR EIN TOTES INSEKT ODER EINE MAUS, IST DAS IHRE ART, DIR ZU SAGEN: »ICH LIEBE DICH.« (KATZEN WISSEN GENAU, DASS IHRE MENSCHEN NIEMALS IN DER LAGE WÄREN, SICH EINEN SO KÖSTLICHEN LECKERBISSEN SELBST ZU FANGEN!)

COLIN'S
BLINDER PASSAGIER AUS NEUSEELAND

Die Hafenkatze des neuseeländischen Tankschiff-Hafens Port Taranaki war bei jedem als Colin's Kätzchen (oder einfach Colin's) bekannt, benannt nach dem Mann, der sie gefunden hatte.

Colin's brachte die Leute mit ihren Tricks gekonnt dazu, sie zu füttern. Eines Tages umschmeichelte sie das Crewmitglied eines großen Tankers namens *Tomiwaka*, damit er sie für einen Snack mit an Bord nahm. Nach dem Essen schliefen beide in seiner Kabine ein. Als sie erwachten, hatte das Schiff abgelegt und war schon auf dem Weg nach Südkorea!

Als der Kapitän des Schiffes von dem pelzigen blinden Passagier erfuhr, ließ er gleich jeden am Hafen in Neuseeland wissen, dass Colin's in Sicherheit war. Sie litt nicht gerade Hunger an Bord. Die Kiwi-Mieze ließ sich von der Crew jederzeit gerne mit Lachs-, Rindfleisch- und Chips-Stückchen verwöhnen.

Aber wie sollte Colin's wieder nach Hause kommen? Die *Tomiwaka* hatte nicht vor, nach Neuseeland zurückzukehren und ein Transfer von Schiff zu Schiff schien zu riskant. Es blieb also nur, sie die 6200-Meilen-Reise über an Bord zu behalten und nach einer Lösung zu suchen, sobald sie in Korea angekommen waren.

Zu dieser Zeit war Colin's Abenteuer weltweit schon in aller Munde. Eine Fluggesellschaft bot großzügig an, den Port-Taranaki-Chef nach Korea zu fliegen, um die Katze abzuholen. Als die *Tomiwaka* schließlich in ihrem koreanischen Hafen einlief, waren schon vier Kamerateams vor Ort, um das glückliche Wiedersehen festzuhalten.

Colin's verabschiedete sich von der Tankerbesatzung und das Paar flog zurück nach Neuseeland. Am Flughafen versammelte sich zur Begrüßung eine große Menschenmenge. Der Bürgermeister ehrte Colin's sogar mit einer speziellen Medaille und ein Katzenfutterhersteller versprach der unerschrockenen Mieze einen lebenslangen Futter-Vorrat.

Colin's lief nie wieder weit weg vom Port Taranaki, der sich seitdem »Die Heimat von Colin's Katze« nennt.

1991–2007
NEUSEELAND

KATZEN AHOI!

Katzen wie **COLIN'S** sind seit der Antike auf Schiffen unterwegs. Mit den Jahrhunderten wurden Schiffskatzen Tradition. Gab es auf einem Schiff keine Katze, gingen viele Seeleute gar nicht erst an Bord!

KATZEN UND DAS WETTER

Seefahrergeschichten besagen, dass Kätzchen in der Lage sind, das Wetter vorherzusagen. Aber ist das wirklich wahr? Die Antwort ist ...: **VIELLEICHT.** Auf jeden Fall kann eine Katze einen Wetterwechsel schon lange vor dem Menschen spüren. Wer seine Mieze etwas genauer beobachtet, kann schnell feststellen, ob einer dieser alten Sprüche wirklich wahr ist:

- EIN NIESENDES KÄTZCHEN BRINGT **REGEN.**
- SCHLÄGT EIN KÄTZCHEN BEIM SCHLAFEN ALLE VIER PFÖTCHEN UNTER, WIRD ES **KALT.**
- GÄHNT EIN KÄTZCHEN UND STRECKT SICH, WIRD DAS **WETTER SCHÖN.**
- IST EIN KÄTZCHEN VERSPIELT, WIRD DER **WIND** AUFFRISCHEN.
- EINE LAUT MIAUENDE KATZE BEDEUTET: VOR DIR LIEGT EINE **SCHWIERIGE REISE.**
- EINE KATZE ÜBER BORD ZU WERFEN, WIRD EINEN SCHRECKLICHEN **STURM** AUSLÖSEN!

BERÜHMTE SCHIFFSKATZEN

Kater **BLACKIE** wurde zu einer Berühmtheit, als Sir Winston Churchill ihm beim Betreten seines Royal-Navy-Schiffes einen freundlichen Klaps gab. Der Kater wurde daraufhin in Churchill umgetauft.

Kater **CONVOY** von der *HMS Hermione* erhielt die gleiche Ausstattung wie jeder andere Matrose auch, einschließlich einer winzigen Hängematte für die Nacht.

PEEBLES war während des Zweiten Weltkriegs auf der *HMS Western Isles* im Einsatz. Er konnte durch Reifen springen und liebte es, der Crew seine Tricks vorzuführen.

TIDDLES war auf mehreren Flugzeugträgern der britischen Marine als Mäusefänger eingesetzt. Er ist einer der Gründe dafür, dass schwarze Katzen in Großbritannien als Glücksbringer gelten.

SCHON GEWUSST?

DIE FRAUEN VON SEELEUTEN HIELTEN SICH HÄUFIG EINE SCHWARZE HAUSKATZE ALS TALISMAN FÜR DIE SICHERE HEIMKEHR IHRER MÄNNER.

CSALOGÁNY
GELIEBTER STALLKUMPEL

Das legendäre ungarische Rennpferd Kincsem verlor niemals ein Rennen. Die Stute gilt als einer der erfolgreichsten Vollblüter aller Zeiten. Doch nur wenige Menschen kennen die Geheimnisse hinter dem Erfolg der Stute – zu denen auch ihre enge Freundschaft mit einem Kätzchen namens Csalogány gezählt haben könnte.

Wie alle Pferde sind auch die Stars der Rennbahnen Herdentiere. Sie können sehr scheu und ängstlich sein. Oft fühlen sie sich besser, wenn sie einen kleinen Freund bei sich haben, wie ein Pony oder eine Ziege. So bleiben sie vor oder nach dem Rennen ruhig und entspannt. Aber ein Begleitkätzchen? Das ist schon ziemlich ungewöhnlich, selbst für ein so eigenwilliges und einzigartiges Pferd wie Kincsem.

Csalogány bedeutet auf Ungarisch »Nachtigall« – niemand kann sich heute mehr daran erinnern, wie das Kätzchen zu seinem Namen kam. Aber dass Csalogány und Kincsem immer unzertrennlich waren, vergaß niemand. Gemeinsam fuhren sie durch ganz Europa, von einer Rennstrecke zur nächsten.

Einmal, nach einem Rennen in England, reiste Csalogány mit ihrer langbeinigen Pferdefreundin per Schiff über den Ärmelkanal nach Frankreich. Kincsem klapperte schon einmal bereitwillig die Gangway in Richtung Festland hinunter, doch das Kätzchen war nirgendwo zu sehen. Die verstörte Stute weigerte sich, in ihren Eisenbahnwaggon zu steigen, solange Csalogány noch fehlte. Zwei ganze Stunden stand sie bewegungslos auf dem Pier, die Hufe am Boden wie festgenagelt und die Ohren angelegt, fest entschlossen, ohne ihre Freundin nirgendwohin zu gehen.

Schließlich huschte auch Csalogány vom Schiff und lief zu Kincsem hinüber. Die Stute warf den Kopf zurück und begrüßte die Katze mit einem lauten fröhlichen Wiehern. »*Mahahahach* das ja nicht noch mal!«, schien sie ihr zuzurufen. Csalogány sprang ihr auf den Rücken und das wiedervereinte ungewöhnliche Freundespaar machte sich glücklich auf den Weg zu seinem nächsten Abenteuer.

Irgendwie ist das Leben einfach besser, wenn dein bester Freund an deiner Seite ist!

CA. 1874–UNBEKANNT
UNGARN

DEWEY
DIE BERÜHMTESTE BIBLIOTHEKSKATZE DER WELT

Einmal stopfte ein herzloser Mensch in einer eisigen Januarnacht ein winziges Kätzchen in die Rückgabebox der Bibliothek einer Kleinstadt im mittleren Westen Amerikas. Die Mitarbeiter fanden den kleinen Kerl am nächsten Morgen und beschlossen, ihn zu adoptieren. Sie nannten ihn Dewey, nach dem Dewey-Dezimalsystem, das man in der Sortierung und Systematisierung von Büchern einsetzt. Der perfekte Name für eine Bibliothekskatze!

Dewey erfüllte seine neue Rolle mit Begeisterung. Er begrüßte die Besucher und kuschelte sich ihnen beim Lesen in den Schoß. Er fuhr auf dem Bücherwagen mit und schnurrte neben den Kindern, während ihnen Geschichten vorgelesen wurden. Er schlief auf den warmen Computern und spielte in den Bücherregalen Verstecken. Das Personal hatte immer eine Kamera griffbereit, um Fotos von seinen urkomischen Ideen zu machen.

Die Geschichten über Dewey erschienen in Zeitschriften und Zeitungen. In einem bundesweit erschienenen Kalender war er die »Januarkatze«. Er war der Star eines TV-Beitrags über Bibliothekskatzen. Ein japanisches Dokumentationsteam reiste extra aus Tokio an, um ihn zu filmen. Manche Leute fuhren Hunderte von Meilen, nur um die kleine orangefarbene Katze zu treffen.

Alle liebten Dewey. Doch die Person, die ihm am nächsten stand, war die Direktorin der Bibliothek. Sie schrieb sogar einen Bestseller mit dem Titel *Dewey und ich: Die wahre Geschichte des berühmtesten Katers der Welt*. Die kleine Katze aus Amerika hatte Fans auf der ganzen Welt. Ihre besten Freunde aber waren die Bürger vor Ort.

Besonders für Menschen, die durch schwere Zeiten gingen, war Dewey ein Symbol der Hoffnung. Er schien immer vom guten Ausgang der Dinge überzeugt zu sein – und er ließ auch andere daran glauben. Aus diesem und vielen anderen Gründen wird er immer als Held in Erinnerung bleiben.

1987–2006
USA

MIEZEN IN BÜCHERN

Könnte eine Bibliothekskatze wie Dewey sprechen, würde sie wahrscheinlich alle möglichen Geschichten von erstaunlichen Kätzchen empfehlen. Hier werden einige dieser berühmten Katzen-Charaktere vorgestellt:

DER KATER MIT HUT
Das irre Kätzchen mit dem gestreiften Hut machte diesen Klassiker von Dr. Seuss zu einem der beliebtesten Kinderbücher aller Zeiten.

DIE GRINSEKATZE
Die in Rätseln sprechende Katze mit dem Dauergrinsen aus Lewis Carrolls *Alice im Wunderland* ist seit 1865 ein Liebling aller Katzenfans.

KRUMMBEIN
Hermines magische Katze aus den *Harry-Potter*-Büchern von J. K. Rowling ist als Mischwesen halb Katze, halb Kniesel. Krummbein hat die verblüffende Fähigkeit, sofort erkennen zu können, ob jemand unzuverlässig oder hinterhältig ist.

JESS
Diese energiegeladene schwarz-weiße Katze begleitet *Postbote Pat* in der Kinderfernseh- und Buchserie von John Cunliffe treu auf seinen Runden.

MOG
In den *Mog*-Büchern von Judith Kerr geht es um die Missgeschicke eines mürrischen, manchmal vergesslichen, aber immer unterhaltsamen Katers.

MEG AND MOG

Helen Nicolls und Jan Pieńkowskis Serie *Meg and Mog* handelt von einer anderen Katze namens Mog und einer Hexe namens Meg, deren Zauber nicht immer ganz wie geplant verlaufen.

MRS TABITHA TWITCHIT

Die Ladenbesitzerin mit dem bezaubernden Namen aus der Katzenwelt Beatrix Potters ist Mutter dreier ungezogener Kätzchen – Moppet, Mittens und Tom Kitten.

DER GESTIEFELTE KATER

Die clevere Märchenkatze nutzt ihren klugen Katzenverstand, um für ihren mittellosen Meister ein Vermögen und die Hand der Prinzessin zu gewinnen.

RUM TUM TUGGER, MACAVITY, SKIMBLESHANKS UND ANDERE

Die Miezen mit den eigenartigen Namen in T. S. Eliots Gedichtsammlung *Old Possums Katzenbuch* erschienen erstmals in Briefen, die der Autor an seine Patenkinder schrieb.

SNOWBELL

Die Katze in *Stuart Little* von E. B. White träumt davon, den cleveren Mäuse-Sohn der Familie als kleinen Snack zu vertilgen. Man kann ihr keinen Moment über den Weg trauen.

TAO

Zusammen mit zwei Hunden reist der Siamkater Tao in *Die unglaubliche Reise* von Sheila Burnford 300 Meilen durch die kanadische Wildnis, um zu seinen Besitzern zurückzukehren.

DOORKINS
DAS KATHEDRALEN-KÄTZCHEN UND DIE KÖNIGIN

Als eines Tages ein Straßenkätzchen an der Tür der Londoner Southwark-Kathedrale auftauchte, hätte das Timing nicht besser sein können. Doorkins Magnificat (wie sie schließlich genannt wurde) schien der Himmel geschickt zu haben. Die Kathedrale brauchte dringend einen Mäusefänger.

Mit den Jahren hat Doorkins die geheimen Ecken und Winkel der alten Kathedrale besser kennengelernt als jeder andere. Kirchenbesucher treffen sie schlummernd im Chorgestühl, beim Dösen auf dem Kirchhof oder, während der Weihnachtsfeiertage, eingegraben ins gemütliche Heu in der Krippe. Ihr zu Ehren wurde sogar ein Wasserspeier angefertigt, eine Steinmetzarbeit ihres Gesichtes, das auf ihre Bewunderer herabblickt.

Doorkins mag Kirchenmusik und Predigten, verlässt die Kirche aber hin und wieder noch vor deren Ende. Auch Hochzeiten liebt sie. Einmal überraschte sie alle damit, dass sie zur Freude der Gäste die Braut den Gang hinunterbegleitete.

Bei den Kirchenbesuchern ist Doorkins sehr beliebt. Viele kommen nur, um sie zu sehen. Ihr mit Abstand berühmtester Gast aber war Elisabeth II., Königin von England.

Als die Königin eintrat, um sich das neue Buntglasfenster der Kathedrale anzusehen, schlief Doorkins direkt darunter auf einem großen Stuhl. Als die Königin das schlummernde Kätzchen erblickte, blieb sie stehen. Vielleicht erinnerte sie sich an den alten englischen Kinderreim: »Muschikatz, wo warst du denn? Ich war in London, um die Königin zu sehen.«

Sie fragte: »Wohnt diese Katze hier?«, und schien sichtlich beeindruckt davon, dass die Antwort »Ja« lautete. Doorkins selbst verschlief natürlich die gesamte Konversation, völlig unbeeindruckt von der Anwesenheit der Königin. Sie ist und bleibt eben eine Katze.

GEBOREN 2008
ENGLAND

MYSTISCHE MIEZEN

Kein Wunder, dass Doorkins sich an einem Ort des Glaubens zu Hause fühlt – auch Katzen wurden ja einst wie Götter verehrt (und haben das nie vergessen). Auf der ganzen Welt lieferte ihr geheimnisvolles Wesen Stoff für Mythen und Legenden, Respekt und Aberglauben.

Katzen haben eine eigene Schutzpatronin, die heilige **GERTRUD VON NIVELLES**, die natürlich auch die Schutzpatronin für den Schutz vor Mäusen und Ratten ist.

Seit Jahrhunderten ist es auf der Insel Zypern Tradition, dass sich die Nonnen im **KLOSTER DES HEILIGEN NIKOLAUS DER KATZEN** um die Streuner der Insel kümmern.

Als der **PROPHET MOHAMMED** einmal zum Gebet gerufen wurde, schlief seine Katze **MUEZZA** auf dem Ärmel seines Gewandes. Um sie nicht zu wecken, schnitt er den Ärmel einfach ab.

Unter den chinesischen Tierkreiszeichen kommt die Katze nicht vor, im vietnamesischen Tierkreis dagegen schon. Solltest du im **JAHR DER KATZE** (1963, 1975, 1987, 1999, 2011) geboren sein, dann bist du vielleicht besonders kreativ und freundlich, aber auch stur und geheimnisvoll.

Es wird oft behauptet, dass Katzen in der **BIBEL** nicht erwähnt würden, aber das ist nicht ganz richtig. In der protestantischen Bibel sucht man das Wort **»KATZE«** tatsächlich vergebens; in der katholischen und der orthodoxen Bibel allerdings wird sie einmal erwähnt.

Wird nach dem Tod eines Herrschers ein neuer thailändischer König gekrönt, ist es im **BUDDHISMUS** Brauch, ihm eine **SIAMKATZE** zu schenken. Der Geist des verstorbenen Königs soll die Krönung seines Nachfolgers durch die Augen der Katze miterleben können.

Der **JÜDISCHE TALMUD** lobt die guten Eigenschaften der Katzen und sagt, dass die Menschen viel von ihnen lernen können.

Einige **ALTE KELTENVÖLKER** glaubten, dass sich in den Katzen die spirituelle Verbindung zwischen Mensch und Universum manifestiere.

Katzen waren der **NORDISCHEN GÖTTIN FREYA** heilig. Sie fuhr in einem Wagen, der von zwei großen grauen Katzen gezogen wurde. Um ihre Gunst zu gewinnen, stellten die Bauern Untertassen mit Milch für streunende Kätzchen auf.

In der **RÖMISCHEN MYTHOLOGIE** konnte sich die Göttin Diana in eine Katze verwandeln. Eine praktische Möglichkeit, um in brenzligen Situationen schnell zu entkommen!

KATZEN-FAKTEN

Hast du dich mal gefragt, warum die meisten **TABBY-KATZEN** ein »M« auf der Stirn tragen? Die Legende besagt, dass das neugeborene Jesuskind in der Krippe vor Kälte zitterte, bis sich eine getigerte Katze wärmend an es kuschelte. Die **JUNGFRAU MARIA** belohnte das Kätzchen, indem sie seine Stirn mit dem ersten Buchstaben ihres Namens markierte.

Eine andere Geschichte erzählt, dass der **PROPHET MOHAMMED** ihr dieses Zeichen verlieh, nachdem eine **TABBY-KATZE** sein Leben rettete. Sie tötete eine Schlange, die ihm in den Ärmel geglitten war.

FAITH
DIE KIRCHENKATZE,
DIE EINE GANZE NATION INSPIRIERTE

Zur Zeit des Zweiten Weltkriegs hielt in einer bescheidenen Kirche im Herzen Londons eine grau-weiß gefleckte Katze namens Faith die Mäuse unter Kontrolle oder schnurrte treu zu Füßen von Pater Henry Ross. Doch wie sich herausstellen sollte, war dieses süße Kätzchen keine gewöhnliche Katze.

Kurz nachdem Faith selbst ein Kätzchen namens Panda zur Welt gebracht hatte, benahm sie sich auf einmal sehr seltsam. Sie miaute, bis ihr die Kellertür geöffnet wurde, um Panda dann die Treppe hinunterzutragen. Pater Ross brachte beide zurück in das warme, gemütliche Pfarrhaus, doch Faith bestand auf dem Keller. So ging es hin und her, bis Faith sich endlich durchsetzte.

Nur wenige Tage später – der Pater war gerade nicht zu Hause – griffen deutsche Flugzeuge London an und warfen im sogenannten »London Blitz« mehrere Bomben ab. Hunderte von Menschen starben und unzählige Häuser und Gebäude wurden zerstört.

Pater Ross eilte zurück nach London – seine Kirche war völlig ausgebrannt. Es sei unmöglich, dass die Kätzchen überlebt hätten, sagte man ihm, aber er weigerte sich, das zu glauben. Er grub sich durch die Trümmer, bis er ein schwaches Miauen hörte.

Faith! Sie war schmutzig, aber lebendig und hatte Panda mit ihrem eigenen Körper abgeschirmt. Ihre Rettung kam gerade noch rechtzeitig, denn nur wenige Augenblicke später brach auch das Dach der Kirche in sich zusammen.

Faith musste sich in dieser schrecklichen Nacht zu Tode gefürchtet haben und doch war sie mutig bei ihrem kleinen Kätzchen geblieben. Auf der ganzen Welt berichteten die Zeitungen von ihrer mutigen Überlebensgeschichte. Faith wurde für das britische Volk zu einem Symbol für Stärke und Mut.

Sie wurde mit einer besonderen Medaille ausgezeichnet und ihre Kirche installierte zu Ehren dieser »mutigsten Katze der Welt« eine Gedenktafel.

1936–1948
ENGLAND

HABEN KATZEN EINEN SECHSTEN SINN?

War es nur Zufall gewesen, dass **FAITH** Panda an den sichersten Ort in der Kirche brachte? Oder warnte eine übersinnliche Ahnung sie vor dem Anschlag? Natürlich gibt es keine wissenschaftlichen Beweise für die Vorstellung, dass Katzen einen mysteriösen **SECHSTEN SINN** haben könnten. Doch jeder, der einmal mit Katzen zusammengelebt hat, weiß, dass sie die Dinge auf ganz andere Weise wahrnehmen als der Mensch.

So ging die Katze von **HONORÉ DE BALZAC** ihm beispielsweise jeden Tag auf dem Heimweg von der Arbeit entgegen. Änderte der französische Schriftsteller aber einmal seine Pläne und kam nicht direkt nach Hause, wollte auch das Kätzchen das Haus nicht verlassen.

KATER TOMBA begleitete in den **SCHWEIZER ALPEN** häufig die Kletterer. Eines Tages weigerte er sich plötzlich weiterzugehen. Stattdessen versteckte er sich hinter einem Felsen. Die Kletterer vertrauten und folgten ihm. Nur Sekunden später donnerte eine Lawine über den Weg, auf dem sie eben noch gestanden hatten.

Der Besitzer einer **PERSERKATZE** brach zu einem längeren Urlaub auf. Etwa einen Monat später wirkte die Katze plötzlich depressiv und weigerte sich zu fressen. Der Katzensitter erhielt bald darauf die traurige Nachricht, dass das Herrchen der Katze gestorben sei.

Im Jahr 2011 berichteten viele Katzenbesitzer in **JAPAN,** dass ihre Haustiere sich seltsam verhielten oder gestresst wirkten. Nur wenige Tage später gab es ein schreckliches Erdbeben mit einem **TSUNAMI,** der Tausende von Menschen in den Tod riss. Experten vermuten, dass die Katzen die Katastrophe irgendwie vorzeitig gespürt haben könnten.

EMMY war die Schiffskatze der *RMS Empress of Ireland.* Nie verpasste sie auch nur eine einzige Fahrt des Schiffes – bis zu jenem schicksalhaften Tag im Jahr 1914, als sie sich weigerte, an Bord zu gehen. Am nächsten Morgen kollidierte die *Empress* mit einem anderen Schiff und über tausend Passagiere wurden getötet.

HAT DEINE KATZE »DAS ZWEITE GESICHT«?

Hier sind einige Anzeichen dafür, dass deine Katze übersinnliche Fähigkeiten haben könnte:

- 🐾 DIE KATZE SCHEINT JEMANDEN ODER ETWAS ZU SEHEN, DAS NICHT WIRKLICH DA ODER FÜR DICH UNSICHTBAR IST.

- 🐾 DEINE KATZE MEIDET BESTIMMTE RÄUME ODER BEREICHE DES HAUSES ODER DES GARTENS. WILL MAN SIE ZWINGEN, SIE DOCH ZU BETRETEN, REAGIERT SIE MIT ANGST, SCHUTZVERHALTEN ODER AGGRESSIVITÄT.

- 🐾 DIE KATZE MIAUT AUF VERTRAUTE WEISE AUS DEM NICHTS HERAUS, OBWOHL EIGENTLICH (SCHEINBAR) NIEMAND DA IST.

NEUN LEBEN: ÜBERLEBENSGESCHICHTEN VON KATZEN

Katzen sind die geborenen **ÜBERLEBENSKÜNSTLER**. Kein Wunder, dass man sagt, sie hätten neun Leben! Hier sind neun Beispiele von Kätzchen, die erfolgreich dem Schicksal trotzten:

Nachdem **KATER BART** in Florida von einem Auto angefahren worden war, ließ sein trauernder Besitzer ihn begraben. Völlig schockiert sah er Bart allerdings **FÜNF TAGE SPÄTER** auf den Hof zurückkehren, über und über mit Dreck bedeckt. Wie ein Zombie hatte sich die Katze aus ihrem eigenen Grab befreit.

JACK entwischte am Flughafen von New York aus seiner Transportbox und galt **ZWEI MONATE** als vermisst, bevor er durch eine der Deckenplatten des Flughafens fiel.

Eine streunende Katze geriet in einen Mercedes, der in einem Autotransport nach Australien verschifft wurde. **FÜNFZIG TAGE SPÄTER** fand die neue Besitzerin des Autos den blinden Passagier. Sie adoptierte das Kätzchen und nannte es **MERCEDES**.

In Alabama fuhr eine Frau zur Arbeit, nicht wissend, dass ihr **KATER RONALD** sich die ganze Fahrt über verzweifelt außen an den Gepäckträger ihres Wagens klammerte!

In New York überlebte ein Kätzchen den **ABSTURZ** aus dem 26. Stock vom Balkon seiner Besitzerin! Der gefährliche freie Fall des Kätzchens wurde von Fensterputzern fotografiert. Der Name der Katze? **LUCKY!**

Achtzig Tage nach einem schweren **ERDBEBEN** wurde eine **TAIWANESISCHE KATZE** lebendig in den Trümmern eines eingestürzten Gebäudes gefunden. Sie hatte die Hälfte ihres Gewichts verloren, erholte sich aber wieder vollständig.

FROSTY fand man **HALB ERFROREN** in einer Scheune. Sie war so ausgekühlt, dass sie ihre Beine nicht bewegen konnte und ihr die Augen offen standen. Sie überlebte, trägt jetzt aber immer kleine Pullover, um sich warm zu halten.

Während ihre Besitzer verreist waren, entwischte **CHLOE** ihrem Katzensitter und blieb in einem **SCHORNSTEIN** stecken. Ihre Besitzer fanden sie erst, als sie zurückkamen. Sechs Wochen lang hatte sie nichts gefressen und nichts getrunken!

Um der Hitze Arizonas zu entkommen, war **PHOENIX** in die Stoßstange eines geparkten Wagens gekrochen. Die Besitzer des Autos fanden sie erst **400 MEILEN** später. Sie hatte die ganze Strecke in der Stoßstange zurückgelegt!

FÉLICETTE
EINE ASTRO-KATZE, NICHT VON DIESER WELT

Kannst du dir vorstellen, eine Katze in den Weltraum zu schicken? Klingt verrückt, ist aber tatsächlich passiert!

Schon in den 1960er-Jahren wollten viele Länder die ersten sein, die Menschen in den Weltraum schicken. Wissenschaftler führten Tests mit Hunden und Affen durch, um alles dafür vorzubereiten. Konnten Tiere im Weltraum überleben, würde das vermutlich auch für den Menschen gelten. So dachte man jedenfalls.

Der Wettlauf ins All fand hauptsächlich zwischen den Amerikanern und den Russen statt, aber auch einige andere Länder nahmen daran teil. Frankreich war das einzige von ihnen mit 14 Katzen in der Weltraumausbildung. Eine davon war Félicette, eine schwarz-weiße Straßenkatze aus Paris.

Nach monatelangem Training wurde Félicette für eine Reise ins All ausgewählt. In einer Kapsel mit Raketenantrieb flog sie fast 100 Meilen hoch in den Himmel. Alle jubelten, als sie fünfzehn Minuten später gesund und munter in ihrer Kapsel wieder auf die Erde schwebte. Sie war die erste Astro-Katze der Welt!

Die Wissenschaftler waren gespannt, ob Félicettes Gehirn sich während ihrer historischen Reise, auf der sie fünf Minuten lang durch die Schwerelosigkeit geglitten war, die ihr das Fell abstehen ließ, irgendwie verändert hatte. Ihre Leistung war bahnbrechend gewesen – doch sobald die Menschen selbst auf dem Mond landeten, war ihre Geschichte schnell vergessen. Und schlimmer noch: Viele Jahre lang wurde die ganze Anerkennung irrtümlich einem Kater namens Felix zugeschrieben.

Es gibt eigentlich keinen Grund mehr, Katzen, Hunde oder Menschenaffen in den Weltraum zu schicken. Viele finden es heute unethisch, das zu tun. Der Flug ins All ist nicht gerade eine angenehme Erfahrung und im Gegensatz zu den menschlichen Astronauten haben Tiere dabei ja nicht mitzureden. Deshalb ist es so wichtig, dass wir uns an Félicette erinnern und sie für das ehren, was sie im Namen der Wissenschaft auf sich nahm.

CA. 1963–1964
FRANKREICH

HUMPHREY
OBERSTER MÄUSEFÄNGER GROSSBRITANNIENS

Nummer 10, Downing Street – kurz Nr. 10 – in London ist eine der bekanntesten Adressen der Welt. Der britische Premierminister lebt und arbeitet dort – und im Laufe der Jahre auch eine ganze Reihe von Katzen. Eine der bekanntesten Katzen aus Nr. 10 war Humphrey, ein ehemaliger Straßenkater.

Humphreys offizieller Titel war »Oberster Mäusefänger des Kabinetts im Vereinigten Königreich von Großbritannien und Nordirland«. Das ist vermutlich die längste Berufsbezeichnung überhaupt für eine Katze! In alten Gemäuern wie der Downing Street Nr. 10 gibt es viele Mäuse; Humphrey hatte also gut zu tun.

Fotografen ließen ihn völlig kalt und die höchsten Würdenträger der Welt ignorierte er. Sogar bei königlichem Besuch gähnte er herzhaft. Einmal musste man ihn verscheuchen, um den Weg für einen König freizumachen. Ein anderes Mal geriet er fast unter die Räder der Limousine des Präsidenten der Vereinigten Staaten.

Schlagzeilen machte der Oberste Mäusefänger, als man ihm vorwarf, vier kleine Vögelchen im Garten von Nr. 10 umgebracht zu haben. Der Premierminister nahm ihn allerdings in Schutz. Er versicherte der Nation, dass Humphrey kein Serienmörder sei.

Noch größeren Ruhm erlangte der Kater, als er plötzlich drei Monate lang verschwand. Man befürchtete das Schlimmste. Dabei war er nur herumgestreunt und von den Mitarbeitern des nahe gelegenen *Royal Army Medical College* aufgenommen worden. Als sie in der Zeitung seinen Nachruf lasen, wurde ihnen klar, dass der von ihnen adoptierte Kater keine gewöhnliche Straßenkatze war. Humphrey wurde schnell zurückgebracht und man machte ein Riesentheater um ihn. So, wie sich das gehörte!

Humphrey diente in acht Jahren drei Premierministern und wurde zu einer der meistbewunderten Katzen Großbritanniens.

1988–2006
ENGLAND

MÄCHTIGE MÄUSEFÄNGER!

Weltweit waren Katzen wie **HUMPHREY** die ersten Experten für Schädlingsbekämpfung. Schon seit 10 000 Jahren gibt es die pelzigen Kammerjäger jetzt!

WAS MACHT EINEN GUTEN MÄUSEFÄNGER AUS?

Selbst die verwöhnteste Hauskatze hat noch einen Jagdinstinkt. Das heißt aber nicht, dass alle Katzen die geborenen Mäusefänger sind. Einige sind zu faul, andere nicht interessiert. Die besten Mäusefänger sind meistens Straßenkatzen. Eins funktioniert jedoch ganz sicher nicht: eine Katze kurzzuhalten, damit sie mehr Mäuse fängt. Top-Mäusefänger jagen nämlich aus Nervenkitzel, nicht, weil sie hungrig sind.

KATZEN AUF PATROUILLE

Schon gewusst, dass man oft Straßenkatzen zu professionellen Mäusefängern macht? Sie arbeiten auf Weingütern, Bauernhöfen und an anderen Stellen, an denen man keine aggressiven Chemikalien gegen Mäuse einsetzen möchte. Bei Nagetieren geht einfach nichts über eine Katze. Schon die Anschaffung eines Kätzchens kann ausreichen, damit die Mäuse in Panik geraten und die Flucht ergreifen.

Einige der bekanntesten Katzen der Welt waren erstaunliche **MÄUSEFÄNGER**. Mehr dazu auf der nächsten Seite!

KATZEN-WISSEN

Früher gab es den seltsamen Brauch, tote Katzen als Glücksbringer in die Hauswände einzumauern. Sie sollten Mäuse und Ratten vertreiben.

DIE BERÜHMTESTEN MÄUSEFÄNGER

DIE KATZEN VON LENINGRAD

Als Leningrad im Zweiten Weltkrieg von deutschen Truppen belagert wurde, entstand ein großes Rattenproblem. Den Einwohnern der Stadt drohte eine Hungersnot, falls die Nager ihre Vorräte verschlingen würden. Die Rote Armee sammelte **5000 KATZEN** ein und ließ sie in der Stadt frei, damit sie taten, was sie am besten konnten. Damit war das Problem gelöst!

DIE KATZEN VON DISNEYLAND

Jede Nacht schwärmen etwa **200 KATZEN** in dem berühmten kalifornischen Freizeitpark auf der Suche nach kleinen Mickey- und Minnie-Mäusen aus – ein zauberhafter Brauch, der sich seit den 1950er-Jahren bewährt hat.

DIE KATZEN VON VENEDIG

In Venedig hat die **KATZENLIEBE** der Bürger seit Jahrhunderten Tradition. Man erzählt sich sogar, die Katzen hätten 1348 die Stadt vor der Pest gerettet, weil sie die Ratten, die die Krankheit übertragen, in die Flucht schlugen.

DIE KATZEN AUS DEM *BRITISH MUSEUM*

Bereits in den 1950er-Jahren gab es im Londoner *British Museum* eine eigene Kolonie von Streunern. Die **MUSEUMSMIEZEN** dezimierten die Nager erfolgreich und wurden weltweit berühmt, nachdem in der Zeitung über sie berichtet worden war.

DIE KATZEN VON DER POST

Auch bei der britischen Post wurden von 1868 bis 1984 Katzen als Mäusefänger eingesetzt. Eine der berühmtesten unter ihnen war **TIBS, DER GROSSE** – in den 1950er- und frühen 1960er-Jahren oberster Mausejäger in der Postzentrale. Der stämmige Tabby-Kater hielt das Gebäude 14 Jahre lang mäusefrei. Sein Nachruf erschien sogar in der offiziellen Hauszeitschrift der Post.

Auf Seite 120 wird von **TOWSER** berichtet, dem größten Mäusefänger aller Zeiten!

MATILDA
EMPFANGSKATZE DES ALGONQUIN-HOTELS

Seit den 1920er-Jahren werden die Gäste des *Algonquin*-Hotels in New York City von einem Kätzchen begrüßt, das entweder Hamlet oder Matilda heißt. Das berühmteste von ihnen war Matilda III.

Matilda behielt stets alles im Auge und versäumte in sieben Jahren keinen einzigen Arbeitstag. Sie hatte ihre eigenen Visitenkarten und einen Assistenten, der ihre Social-Media-Aktivitäten, ihre Nickerchen und ihren vollen Terminkalender koordinierte.

Die Glamour-Mieze trat im Fernsehen auf, ging regelmäßig zur Fellpflege, traf ihre Fans und posierte für Selfies. Wann immer sie genug hatte, drehte sie sich um und starrte die Wand an. Sie war eben eine echte kleine Diva.

Mit Krabbenküchlein vom Chef des Hauses schlemmte sie wie eine Königin. Ihr Lieblingsessen war »Bonito«, hauchdünn geschnittener Trockenfisch, den ihr immer ein Hotelgast aus Japan mitbrachte, wenn er in der Stadt war. Matilda witterte sofort, wenn er angereist war, und wartete dann am Aufzug, bis er aus seinem Zimmer herunterkam.

Jedes Jahr veranstaltete Matilda zu ihrem Geburtstag eine große Spendenaktion für die Tierheime New Yorks. Höhepunkt der Veranstaltung war eine Modenschau, natürlich zum Thema Katze. Sie liebte es einfach, vor Publikum den Laufsteg hinunterzustolzieren!

Matildas Fans schickten ihr begeistert Geschenke, die sie an die lokalen Tierheime weitergab. Sie erhielt auch Heiratsanträge von Leuten, die ihre Kater mit ihr vermählen wollten, doch sie lehnte jeden von ihnen höflich ab.

Matilda wurde international verehrt. Sie erhielt sogar Briefe und E-Mails von Fans aus Russland und Australien. Sie beantwortete sie (mit etwas Hilfe) alle und unterschrieb immer mit den Worten »Ich wünsche Dir einen schnurrigen Tag«.

2006–2017
USA

MORRIS
ERSTER KATZENSTAR DES AMERIKANISCHEN FERNSEHENS

Morris war die erfolgreichste Werbe-Mieze aller Zeiten. Er war der Star in zahlreichen Werbespots, die ihn zur bekanntesten Katze Amerikas machten.

Seinen Weg vom Tellerwäscher zum Millionär begann er – damals noch als Lucky – in einem Tierheim in Chicago. Ein Tiertrainer adoptierte ihn für fünf Dollar und ließ ihn für eine Katzenfutterwerbung »vorsprechen«. Sein Charisma war so überwältigend, dass der Artdirector ihn den »Clark Gable unter den Katern« nannte. Kein Wunder also, dass er den Job bekam! Zusammen mit einem neuen Namen: *Morris, the Cat!*

Morris' erster TV-Spot warb für ein beliebtes Katzenfutter – und die »Wählerischste Katze der Welt« wurde ein großer Erfolg. Die Leute liebten seine urkomische, leicht blasierte Art. Er wurde hofiert wie ein Star, hatte eine Privatsekretärin und einen eigenen Chauffeur. Man lud ihn zu Talkshows ein und er »schrieb« drei Bücher zum Thema Katzenpflege. Doch Morris ließ sich den plötzlichen Ruhm nie zu Kopf steigen. Er engagierte sich ehrenamtlich für den »National Adopt-a-Cat-Month« und andere wertvolle Initiativen für Tiere.

Morris wurde zweimal zum »Performing Animal Television Star of the Year« gewählt. Der sogenannte PATSY-Award ist eine Art Oscar für Tiere. Später wechselte er von der kleinen zur großen Leinwand. Seinen ersten Kinofilm drehte er mit Hollywood-Superstar Burt Reynolds.

Auf dem Höhepunkt seiner Karriere war Morris' Gesicht überall auf Katzenfutterdosen zu sehen. Mochte er eine Geschmacksrichtung nicht, konnte er sein Veto einlegen. Er besuchte sogar den Präsidenten der Vereinigten Staaten im Weißen Haus, wo er mit der Pfote ganz offiziell das Tierschutzgesetz mitunterzeichnete!

1968–1978
USA

UNTERNEHMUNGSLUSTIGE KATZEN

Auch als Unternehmer war **MORRIS** ein Vorreiter für die Katzenwelt. Er machte den Weg frei für andere zukünftige Katzenstars, die im Laufe der Jahre die Rolle der **»WÄHLERISCHSTEN KATZE DER WELT«** übernahmen. Viele von ihnen kamen wie er von ganz unten, aus dem Tierheim. Einige dieser ausgebufften Miezekatzen haben inzwischen selbst lukrative Marken aufgebaut.

GRUMPY CAT ist eine Siamkatze, die ununterbrochen ein mürrisches Gesicht aufzusetzen scheint. Ihr Foto ging online, und Tardar Sauce, wie sie eigentlich heißt (ja, »Tardar« nicht »Tatar«), wurde schnell berühmt. Sie ist jetzt das Gesicht einer Katzenfuttermarke, hat mehrere Bestseller »geschrieben« und schon Millionen von Dollar verdient.

FROST ist eine australische Katze mit über 100 000 Followern auf **INSTAGRAM**. Frech und offen, hat dieses Straßenkätzchen mit dem bezaubernden Gesicht mittlerweile einen eigenen Pressesprecher und eigene Merchandising-Artikel.

MARU ist mit über 210 Millionen Aufrufen der beliebteste Kater auf **YOUTUBE**. Sein Name bedeutet auf Japanisch »rund«. Sein molliger Körperbau hat dem Scottish-Fold-Kater Legionen von Fans auf der ganzen Welt eingebracht. Zusätzlich zu seinen Videos verdient Maru sich sein Trockenfutter durch Werbung und den Verkauf von DVDs und Büchern.

LIL' BUB ist zum Internet-Star geworden, weil sie einfach süß ist. Sie kam mit mehreren Gendefekten auf die Welt – so streckt sie zum Beispiel permanent ihre kleine Zunge heraus. Ein Großteil von Lil' Bubs' Honoraren geht an wohltätige Zwecke. Außerdem macht sie ehrenamtlich Werbung für den Tierschutz.

COLONEL MEOW hält den **GUINNESS-WELTREKORD** für das längste Katzenfell – unglaubliche 22,5 Zentimeter! Sein ungewöhnliches Aussehen hat ihm auf den Social-Media-Kanälen viele Fans beschert.

COOPER lebt in Seattle. Einmal in der Woche trägt er eine kleine **DIGITALKAMERA** um den Hals und schießt damit alle zwei Minuten ein neues Foto aus der einzigartigen Perspektive einer Katze. Einige seiner Bilder von Himmel, Gras und Blättern sind wunderschön abstrakt, andere sind skurril und verspielt, wie sein Schnappschuss von rosa Plastik-Flamingos aus einem Vorgarten.

SCHON GEWUSST?

»CATS« IST EINES DER MEISTGESUCHTEN WÖRTER IM INTERNET. »#CAT« WURDE BEI INSTAGRAM SCHON ÜBER 100 MILLIONEN MAL ALS HASHTAG VERWENDET UND AUF YOUTUBE SCHAUEN SICH MILLIARDEN VON MENSCHEN KATZENVIDEOS AN!

MOURKA
EIN BALLETTSTAR, DER DER SCHWERKRAFT TROTZT

Der berühmte Choreograf George Balanchine arbeitete im Laufe seiner Karriere mit vielen talentierten Balletttänzern zusammen. Sein besonderer Liebling aber war ein ehemaliger Straßenkater namens Mourka.

Katzen sind von Natur aus anmutig und beweglich. Schnell erlernte Mourka die unterschiedlichsten Ballettposen. Er verbrachte Stunden mit Herrn B. (wie George genannt wurde) und übte Sprünge, Drehungen und Pirouetten in der Luft. Herr B. scherzte, dass er nun endlich doch noch einen Tänzer gefunden habe, für den es sich zu choreografieren lohne.

Wenn er nicht tanzte, genoss Mourka den Sommer auf dem Land, wo er in der Sonne döste und Käfer und Schmetterlinge jagte. Durch das zurückgezogene Leben auf dem Land entwickelte Mourka einige Vorlieben für Katzen sonst eher fremden Lebensmitteln. Er liebte Spargel, Erbsen und Kartoffeln mit Crème fraîche! Den Rest des Jahres verbrachte er mit Herrn B. und seiner Frau, einer ehemaligen Ballerina, in deren stilvoller Wohnung in New York.

Auf einer Weihnachtsfeier Balanchines bat ein berühmter Komponist um eine Kostprobe von Mourkas typischen Sprüngen. Die Gäste sahen Herrn B. hier zum ersten und einzigen Mal nervös vor einer Vorstellung! Er wollte unbedingt, dass man Mourka so liebte und bewunderte wie er. Und das zu Recht.

Nachdem ein beliebtes Magazin ein Foto von Mourka in einem spektakulären Sprung mit weit ausgebreiteten Vorder- und Hinterläufen veröffentlicht hatte, schwärmten alle von Balanchines Katze. Schon bald war ein erstes Buch in Arbeit. *Mourka: Die Autobiographie einer Katze,* von Mourka »erzählt«, enthielt eine Reihe weiterer charmanter Fotos, darunter einige, die so wirkten, als tanze er neben echten Ballerinen. Das Buch von 1964 machte Mourka zu einem der ersten prominenten Katzenstars vor den Zeiten des Internets.

CA. 1960 – UNBEKANNT
USA

LAUF, KÄTZCHEN, LAUF!

Die meisten Katzen werden niemals Ballettstars wie **MOURKA** werden. Aber alle Katzen haben ein natürliches athletisches Talent, das selbst den größten menschlichen Olympioniken Konkurrenz macht. Ihr Körper ist dazu bestimmt, Gefahren zu entkommen und zu jagen.

Die meisten Stubentiger haben zu wenig Bewegung, um ihren Jagdinstinkt zu befriedigen und fit und in Form zu bleiben. Bewegung verbrennt nicht nur Kalorien, verbessert den Muskeltonus und reduziert den Appetit einer Katze, sondern stimuliert sie auch mental.

Einige Katzen sind von Natur aus sehr aktiv. Andere müssen mit Leckerlis oder Spielzeug motiviert werden. Hier sind ein paar Ideen, wie du deine Katze in Bewegung hältst:

- 🐾 SPIELZEUGE, DIE DAS JAGEN UND SPRINGEN FÖRDERN, SIND IDEAL FÜR KATZEN. EINIGE EINFACHE MÖGLICHKEITEN SIND ZERKNITTERTE PAPIERSTÜCKE, MIT KATZENMINZE GEFÜLLTE SPIELZEUGE, FEDERN UND AN WAND ODER TÜR MONTIERTE SPIELGERÄTE.

- 🐾 KATZENBÄUME UND ERHÖHTE SITZSTANGEN KOMMEN DEM KLETTERWUNSCH DER KATZE ENTGEGEN. KATZEN LIEBEN ES, HÖHER GELEGENE PLÄTZE ZU ERKLIMMEN. VON DORT HABEN SIE ALLES UM SICH HERUM SICHER IM BLICK.

- 🐾 FUTTERSPENDER-SPIELZEUG FÖRDERT UND BEFRIEDIGT DEN NATÜRLICHEN INSTINKT EINER KATZE BEI DER »NAHRUNGSSUCHE«.

- 🐾 WILL MAN SEINER KATZE EINE SICHERE ZEIT IM FREIEN VERSCHAFFEN, KANN MAN IHR EIN FREIGEHEGE (MANCHMAL AUCH ALS »CATIO« BEZEICHNET) BAUEN.

- ❤ MANCHE KATZEN LIEBEN ES, DEN LICHTPUNKTEN VON LASERPOINTERN HINTERHERZUJAGEN. INDEM MAN MIT DEM LASER AUF EIN SPIELZEUG ZEIGT, GIBT MAN DER KATZE DABEI AB UND ZU DIE MÖGLICHKEIT, ETWAS ZU »FANGEN«.

- ❤ KATZEN LASSEN SICH MIT LECKERLIS AUCH KLEINE TRICKS ANTRAINIEREN, ZUM BEISPIEL IMMER SOFORT ZU KOMMEN, WENN DIE SCHACHTEL MIT DEN LECKERLIS GESCHÜTTELT WIRD.

- ❤ INTERAKTIVE SPIELMÖGLICHKEITEN, WIE STÄBE MIT SCHNÜREN, FEDERN UND STOFFSTREIFEN, SIND EINE LUSTIGE MÖGLICHKEIT, KÄTZCHEN IN BEWEGUNG ZU BRINGEN. GEMEINSAMES SPIELEN VERBINDET UND MACHT SPASS!

KATZEN-TIPP

Katzenspielzeug sollte sorgfältig ausgewählt werden. Zu lange Schnüre oder zu kleine Einzelteile, die die Katze verschlucken könnte, sollten vermieden werden. Am besten wird das Spielzeug regelmäßig ausgetauscht. So kann es immer wieder neu ins Spiel gebracht werden – und dem Kätzchen wird nicht langweilig.

DER BERÜHMTESTE KATZENATHLET

DIDGA ist die sportlichste Katze der Welt. Sie lebt in Australien. Im *Guinness-Buch der Rekorde* hält sie mit über 20 Stück den Weltrekord für die »meisten Tricks, die eine Katze in einer Minute schafft«. Sie kann Skateboard fahren, auf einer Münze stehen bleiben, ihrem Trainer auf den Arm springen, sich fallen lassen und »Toter Mann« spielen. Und das ist nur der Anfang!

Auf der nächsten Seite lässt sich ein genauerer Blick auf die **PERFEKTE ANATOMIE** einer Katze werfen.

DIE KATZE VON DER NASEN-
BIS ZUR SCHWANZSPITZE

- KATZEN HABEN EIN EINZIGARTIGES MUSTER AUF DER **NASE**, VERGLEICHBAR MIT DEM FINGERABDRUCK EINES MENSCHEN.

- KATZEN ZERREISSEN UND ZERQUETSCHEN IHR ESSEN MEHR, ALS DASS SIE ES KAUEN, DENN IHRE **KIEFERKNOCHEN** KÖNNEN SICH NUR AUF UND AB BEWEGEN.

- KATZEN BENUTZEN IHRE SANDPAPIERÄHNLICHE, MIT WIDERHAKEN VERSEHENE **ZUNGE**, UM SICH ZU PFLEGEN UND WASSER AUFZUSAUGEN.

- BEIM SCHNURREN LÄSST EIN KÄTZCHEN SEINEN **KEHLKOPF** VIBRIEREN.

- KATZEN ORIENTIEREN SICH IM RAUM MIT IHREN **SCHNURRHAAREN**.

- KATZEN KÖNNEN NACHTS SEHR GUT **SEHEN**. NUR IN ABSOLUTER DUNKELHEIT SIND SIE BLIND.

- JEDES **KATZENOHR** HAT 32 MUSKELN UND KANN SICH UM 180 GRAD DREHEN.

- KATZEN HABEN EIN ERSTAUNLICH GUTES **GEHÖR**, BESONDERS IN DEN HOHEN LAGEN, DIE DER MENSCH GAR NICHT MEHR WAHRNIMMT.

- KATZEN HABEN MEHR NERVENZELLEN IN DEN FÜR DAS SEHEN ZUSTÄNDIGEN **HIRNREGIONEN** ALS DER MENSCH UND DIE MEISTEN ANDEREN SÄUGETIERE.

- DAS **SCHLÜSSELBEIN** IST BEI KATZEN NICHT MIT ANDEREN KNOCHEN VERWACHSEN; SO KÖNNEN SIE SICH AUCH NOCH DURCH DIE ENGSTEN ÖFFNUNGEN ZWÄNGEN.

- ALLE KÄTZCHEN WERDEN MIT BLAUEN **AUGEN** GEBOREN.

- KATZEN HABEN DEN **MAGEN** EINES FLEISCHFRESSERS. PFLANZEN KÖNNEN SIE NICHT GUT VERDAUEN.

- DIE **GLIEDMASSEN** DER KATZE SIND EXTREM MUSKULÖS.

- WEIBLICHE KATZEN SIND IN DER REGEL »**RECHTSHÄNDER**«, KATER »**LINKSHÄNDER**«.

- KATZEN SCHWITZEN ÜBER IHRE **PFOTEN**.

- **DRÜSEN** UM GESICHT, SCHWANZ UND VORDERPFOTEN ERZEUGEN EINEN FÜR JEDE KATZE EINZIGARTIGEN KÖRPERDUFT.

- KATZEN HABEN EINE DOPPELTE **FELLSCHICHT**, DIE SIE VOR KÄLTE UND NÄSSE BEWAHRT.

- MIT DEM **SCHWANZ** DRÜCKT DIE KATZE AUS, WAS SIE DENKT.

MRS CHIPPY
ENTDECKERKATZE AN BORD DER ENDURANCE

Mrs Chippy reiste zusammen mit seinem Besitzer, Schiffszimmermann Harry »Chippy« McNish, an Bord von Ernest Shackletons berüchtigtem Forschungsschiff *Endurance* in die Antarktis. Die Crew taufte die Katze, die eigentlich ein Kater war, Mrs Chippy – weil er dem Zimmermann wie eine Hausfrau permanent auf den Fersen war.

Mrs Chippy konnte auch bei rauestem Wetter die Takelage erklimmen und auf Zehenspitzen die Reling entlangspazieren. Ein Fan der an Bord gehaltenen Schlittenhunde war er nicht, mit der Zeit aber mutig genug, durch ihre Zwinger zu schlendern und die Hunde damit in den Wahnsinn zu treiben.

Kurz nach Beginn der Reise fuhr sich das Schiff im Polareis fest – und blieb neun Monate lang darin stecken! Noch schlimmer wurde es, als das Schiff langsam dem Druck des Eises nachgab und zerbarst. Mrs Chippy verschlief den größten Teil dieser beängstigenden Entwicklung. Das beruhigte auch die Männer. So düster konnte ihre Situation nicht sein, solange ihr Kätzchen noch zufrieden vor sich hin schnurrte.

Captain Ernest Shackleton beschloss schließlich, das Schiff zu verlassen, um an Land zu rudern, das fast 350 Meilen weit entfernt lag. Die Crewmitglieder durften nur mitnehmen, was sie zum Überleben brauchten – also keine Schlittenhunde und keinen Mrs Chippy.

Das war ein schrecklicher Schlag für McNish und den Rest der Besatzung. Ihr pelziger Freund war ihnen in vielen schwierigen Zeiten ein treuer Begleiter gewesen. Als der schicksalhafte Tag kam, verabschiedeten sich die Männer von Mrs Chippy. Eine Schüssel mit Sardinen, seiner Lieblingsspeise, wurde vorbereitet. Er schlang sie herunter und rollte sich zu einem Nickerchen zusammen, aus dem er niemals wieder erwachen sollte.

Viele Jahre später wurde Mrs Chippy in Neuseeland symbolisch wieder mit seinem geliebten Meister vereint, als man eine lebensgroße Bronzestatue des Katers auf McNishs Grab aufstellte.

UNBEKANNT–1915
SCHOTTLAND

KATZEN UNTERWEGS

MRS CHIPPY war nicht die einzige Katze auf großer Fahrt. Auch viele andere legten schwindelerregende Strecken zurück, zufällig oder gewollt.

Hier kommen einige Beispiele:

Als eine Familie innerhalb Australiens umzog, nahm sie ihre Katze **JESSIE** mit, ließ deren Bruder aber am alten Ort zurück. Kurz darauf verschwand Jessie. Fünfzehn Monate später tauchte sie **2000 MEILEN WEIT ENTFERNT** im alten Haus der Familie wieder auf. Sie und ihr Bruder waren wieder vereint.

WHOOPSIE war die erste Katze, die 1919 per Flugzeug **DEN ATLANTIK ÜBERQUERTE**, von Großbritannien nach Amerika. Zusammen mit ihrem menschlichen Gefährten befand sie sich als blinder Passagier an Bord eines Luftschiffs.

In einem Tierheim in New York City tauchte eine Katze namens **WILLOW** auf, die zum Glück einen Mikrochip trug und bald wieder mit ihrer Familie vereint werden konnte. Wie sie allerdings die etwa **1800 MEILEN** lange Strecke von Colorado bis New York zurückgelegt hatte, konnte nie geklärt werden.

EMILY geriet in einen Transportcontainer, der aus Wisconsin zu einer Fabrik in Frankreich geschickt wurde. Die Arbeiter spürten die Besitzer des Kätzchens auf und eine Fluggesellschaft flog es stilvoll zurück nach Hause – in der **BUSINESSCLASS!**

HAMLET entwischte im Frachtraum eines kanadischen Flugzeugs aus seiner Transportbox. Sieben Wochen und rund **360 000 MEILEN** später wurde er hinter einer Wandverkleidung des Fliegers entdeckt. Er hält damit den Guinness-Rekord als »weitestgereiste Katze der Welt«!

Der einäugige Kater **GINGER** floh in einem der härtesten Winter Großbritanniens aus einer Tierarztpraxis und brauchte **10 TAGE,** um sich durch Schneeberge und Schneestürme über 30 große Straßenkreuzungen bis nach Hause durchzukämpfen, aber er schaffte es.

SCHON GEWUSST?

KATZEN HABEN EINE UNGLAUBLICHE FÄHIGKEIT, WIEDER NACH HAUSE ZU FINDEN. WIE MACHEN SIE DAS? WISSENSCHAFTLER SIND SICH NICHT SICHER, ABER EINE THEORIE BESAGT, DASS SIE MITHILFE DES ERDMAGNETFELDES IHREN KURS HALTEN.

NORA
CATCERTO-KÄTZCHEN

Nora wurde von einem Klavierlehrer adoptiert. Sie wuchs in einem Haus voller Musik auf und verbrachte viel Zeit im Musikzimmer, wo sie sich in die Büchertaschen der Klavierschüler kuschelte oder unter dem Flügel saß. Spielte gerade niemand, jagte Nora auf dem glänzenden Deckel ihr Spiegelbild.

Als sie etwa ein Jahr alt war, beschloss Nora, selbst Klavier zu spielen. Sie sprang auf den Klavierhocker und legte erst eine, dann die andere Pfote sanft auf die Tasten. Es muss schön für sie geklungen haben, denn sie fing täglich an zu üben.

Nora war ein Naturtalent. Sie spielte sogar Duette mit den Schülern! Eines Tages stellte jemand ein Video von ihr online, »*Practice Makes Purr-fect*«, das viral ein Hit wurde.

Weitere Videos folgten. Inzwischen hat sie Millionen Fans auf der ganzen Welt. Sogar Billy Joel, ein Kollege aus New Jersey, bewundert sie sehr und schickte ihr eine schöne Karte. Nora hat eigene Facebook- und Webseiten, auf denen Fans sich mit Nora-Markenartikeln (wie Kalendern, DVDs und einem T-Shirt mit der Aufschrift »Nora for President«) eindecken können.

Doch Katze Nora ist nicht nur ein Internet-Star, sondern auch eine echte Konzertpianistin. Der Komponist Mindaugas Piecaitis widmete ihrem einzigartigen Talent das Musikstück *CATcerto*. Bei der Uraufführung der vierminütigen Komposition in einem großen Konzertsaal in Litauen lief hinter dem Kammerorchester während der Aufführung ein Video von Nora als Solistin auf einer Großleinwand.

CATcerto hält den Guinness-Weltrekord als erstes Klavierkonzert, das jemals für eine Katze komponiert wurde.

GEBOREN 2004
USA

LICHT, KAMERA, KATZENMINZE!

NORA ist nicht die einzige Katze, die gerne auf der Bühne steht. Es gibt sogar Katzen, die als professionelle **SCHAUSPIELER** arbeiten.

Katzen sind dafür bekannt, dass sie nur kurze Aufmerksamkeitsspannen haben. Sie sind **UNABHÄNGIG** und willensstark. Wie kann man ihnen antrainieren, Dinge auf Befehl zu tun? Die Antwort lautet: mit Clickertraining und **LECKERLIS**.

CLICKER sind kleine Geräte, die ein prägnantes Klickgeräusch erzeugen. Tut eine Katze, was ihr Trainer will, ertönt das Klicken und sie bekommt eine Belohnung. Handlung, Klicken, Belohnung! Man braucht Zeit und Geduld, aber es funktioniert.

Für manche Filme braucht man bestimmte **KATZENRASSEN,** für andere ein Kätzchen, das besonders freundlich und aufgeschlossen ist. Oder lange Zeit stillsitzen kann. Oder gut darin ist, auf Dinge zu springen. Oder dem es nichts ausmacht, festgehalten zu werden.

Es ist nicht einfach, all diese Fähigkeiten in einer einzigen Katze zu finden. Deshalb werden die meisten Filmkatzen in Wirklichkeit von mehreren Katzen gespielt, so zum Beispiel auch die **SIAMKATZE** in dem Film *Meine Braut ist übersinnlich* von 1958. Sie wurde von zwölf verschiedenen Kätzchen dargestellt! Warum so viele? Weil es schwer ist, einer einzigen Katze zwölf Tricks beizubringen. Einfacher ist es, zwölf Katzen je einen Trick beizubringen!

Auf der nächsten Seite finden sich einige der **BESTEN KATZENSCHAUSPIELER** aller Zeiten:

FILMSTAR-MIEZEN

DC war eine von mehreren Siamkatzen, die 1965 neben Hayley Mills in dem Disney-Film **ALLES FÜR DIE KATZ** spielten, einem Realfilm über zwei Schwestern und ihren Siamkater Tiger.

ARTHUR war fast 10 Jahre lang, von Mitte der 1960er- bis Mitte der 1970er-Jahre, das reinweiße Katzengesicht einer britischen Katzenfuttermarke. Er bekam die Rolle, weil er auf Befehl seine Pfote in eine Dose Katzenfutter tauchen konnte.

MILO spielte die Hauptrolle in *Miez und Mops – Zwei tierische Freunde*, ein Film über ein orangefarben getigertes Kätzchen und seinen Hundefreund. In dem Film spielen ausschließlich Tiere mit, Menschen kommen nicht vor.
Schon das allein macht ihn sehenswert.

Trotz seines ausgesprochen unkreativen Namens wurde **ORANGEY** in den 1950er-Jahren durch verschiedene Film- und Fernsehauftritte bekannt, besonders aber als Audrey Hepburns orangefarbenes Kätzchen »Cat« in *Frühstück bei Tiffany*.

PUMPKIN und **CRACKERJACK** sind zwei rote Perserkatzen, die sich in den *Harry-Potter*-Filmen die Rolle von Krummbein, Hermine Grangers Haustier, teilen. Katzencharakter Mrs Norris wurde von drei Maine-Coon-Katzen dargestellt – **MAXIMUS, ALANIS** und **CORNELIUS –**, die jeweils für eine bestimmte Aktion ausgebildet wurden.

Die nackte Sphynx in den *Austin-Powers*-Filmen wurde von zwei Katzen dargestellt, **TED NUDE-GENT** und **MEL GIBSKIN**.

OSCAR
DER VERSCHMUSTE STERBEBEGLEITER

Solltest du jemals Oscar begegnen und er sich auf deinem Schoß zusammenrollen, besteht berechtigter Anlass zur Sorge. Es kann sein, dass dir nur noch ein paar Stunden zu leben bleiben.

Oscar lebt in einem Pflegeheim in New England. Er hat ein sehr seltenes Talent. Er spürt, wenn Menschen im Begriff sind zu sterben. Etwa zwei bis vier Stunden vorher springt er auf das Bett der Patienten und kuschelt sich neben sie. Seine Vorhersagen sind so genau, dass das Personal, wenn er bei einem Patienten gefunden wird, so schnell wie möglich dessen Familie und einen Geistlichen anruft.

Etwa 100 Mal lag Oscar bisher richtig. Seine »Gabe« mag unheimlich klingen, sein Verhalten ist es aber nicht. Für all jene, die an der Schwelle zur Unendlichkeit stehen, ist er ein großer Trost, wenn er so beruhigend an ihrer Seite liegt und schnurrt. Er hilft damit auch den Familien der Patienten und vermittelt ihnen in einem sehr schweren Moment ein Gefühl von Frieden und Gelassenheit. Viele Menschen sind von seinem sanften Mitgefühl so berührt, dass sie ihm in den Nachrufen ihrer Lieben danken.

Natürlich fragen sich alle: Wie ist so etwas möglich? Das weiß niemand mit Sicherheit. Eine Erklärung könnte sein, dass Oscars sensible Katzensinne etwas erkennen können, das Menschen nicht wahrnehmen, wie zum Beispiel Ketone, chemische Verbindungen, die von sterbenden Zellen abgegeben werden. Eine andere Theorie ist, dass Oscar eine Art psychische Verbindung zu den sterbenden Patienten aufnimmt und Veränderungen in ihrem Verhalten bemerkt, bevor sie für andere Menschen sichtbar werden. Vielleicht besteht seine Aufgabe hier auf der Erde darin, Menschen zu helfen, auf die »andere Seite« zu gelangen.

Was auch immer sein Geheimnis ist: Oscars Geschenke sind so einzigartig, dass sie einen der Ärzte im Pflegeheim veranlassten, ein Buch über ihn zu schreiben: *Oscar: Was uns ein Kater über das Leben und das Sterben lehrt*. Für einen Kater, der sonst gar nicht besonders gesellig ist, hat er viele Herzen gewonnen, weil er Menschen hilft, wenn sie ihn am meisten brauchen.

GEBOREN 2005
USA

GESPENSTISCHE KATZEN

Ist es tatsächlich möglich, dass Katzen wie **OSCAR** so etwas wie die Aura des Todes wahrnehmen? Vielleicht denkst du noch einmal daran, wenn du das nächste Mal eine Mieze siehst, die ins Leere starrt – oder doch einen **GEIST** erkennt?

Es gibt viele Geschichten von Katzen, die diejenigen heimsuchen, die sie früher misshandelt haben. **GEISTERKATZEN** können auch Kätzchen sein, die plötzlich gestorben, aber noch nicht bereit sind, ihre Besitzer zu verlassen. Hier kommen einige schaurig-schöne Geschichten, die zum Nachdenken anregen:

In der **KELTISCHEN MYTHOLOGIE** gilt eine schwarze Katze, die als **CAT SÌTH** bekannt ist, als Hexe, die sich achtmal in eine Katze und wieder zurück verwandeln kann. Beim neunten Mal muss die Hexe in der Katzengestalt bleiben!

Ein schwarzer Kater namens **DEMON CAT** soll den Keller des Capitols in **WASHINGTON, D.C.** in den USA heimsuchen. Er hat leuchtend rote Augen, taucht aus dem Nichts auf und jagt den Menschen Angst und Schrecken ein. Zum Glück wurde er schon lange nicht mehr gesehen – vielleicht ist er weitergezogen.

Eine schneeweiße Katze, die **CONGLETON CAT,** verschwand Ende des 19. Jahrhunderts in **ENGLAND,** tauchte aber schließlich vor der Tür ihres Besitzers wieder auf. Sie weigerte sich allerdings, das Haus zu betreten, und nach wenigen Augenblicken verblasste sie langsam, genau wie die Grinsekatze bei *Alice im Wunderland*.

Im **CHÂTEAU DE COMBOURG** in Frankreich soll einer der ehemaligen Bewohner mit einem Holzbein herumspuken. Begleitet wird er von dem Geist eines **SCHWARZEN KÄTZCHENS,** das möglicherweise in die Schlossmauern eingemauert wurde.

Das **CRESCENT HOTEL** in Arkansas hat viele übersinnliche Gäste, darunter die längst verstorbene ehemalige Hotelkatze, ein orangefarbener Kater namens **MORRIS,** der das Hotel offenbar nie wirklich verlassen hat.

Eine **BAKENEKO** (»Monsterkatze«) ist ein Wesen aus der japanischen Mythologie. Als normales Kätzchen geboren, entwickelt sie sich später zu einem Gestaltwandler. Bakenekos können auf den Hinterbeinen laufen und zu Menschen heranwachsen. Sie können Feuerbälle heraufbeschwören und Feuer mit ihren Schwänzen legen. Um dies zu verhindern, war es früher daher üblich, jungen Kätzchen die Schwänze zu stutzen.

SCHON GEWUSST?

ELVIS, DER KATER EINER SCHOTTISCHEN WHISKY-BRENNEREI, IST ZWAR KEIN GEIST, DAFÜR ABER EIN GEISTERJÄGER. MIT SEINER KATZENKAMERA AM HALSBAND HAT ER BILDER VON EINEM LEGENDÄREN GEIST EINGEFANGEN!

OSCAR
DIE BIONISCHE KATZE

Auf der Insel Jersey lag zur Erntezeit eine schwarze Katze namens Oscar im Feld und döste. Niemand weiß genau, wie es passierte, doch bei einem schrecklichen Unfall wurden Oscars Hinterpfoten abgetrennt.

Man brachte ihn in die Tierklinik und seine Besitzer bereiteten sich auf das Schlimmste vor. Katzen können auch mit drei Beinen noch ein ziemlich normales Leben führen, aber mit zweien? Es schien wahrscheinlich, dass ihre geliebte Katze eingeschläfert werden musste.

Einen winzigen Hoffnungsschimmer gab es allerdings. Ein britischer Tierarzt hatte bei Hunden einzelne fehlende Gliedmaßen schon einmal durch Implantate ersetzt. Ob er das Gleiche auch für Oscar tun konnte? Die Sache war riskant. Die Operation war noch nie an einer Katze durchgeführt worden – und noch nie hatte ein Tier gleich zwei Beine ersetzt bekommen. Doch die Operation war Oscars einzige Chance.

Drei Stunden operierte Tierarzt Noel Fitzpatrick dünne Metallstäbe in Oscars Hinterbeinknochen hinein, an die später Stahlfüße angeschraubt werden sollten. Die Operation verlief gut. Oscar schien fest entschlossen zu überleben. Er hatte Nerven aus Stahl – und seine neuen Beine passten dazu!

Nach acht Monaten durfte Oscar nach Hause. Seine neuen Hightech-Pfoten klackerten über den Steinboden. Er war so aktiv, dass er seine ersten Stahlfüße schnell abgenutzt hatte und neue brauchte.

Immer wieder gab es Rückschläge und er musste erneut operiert werden. Aber Oscar nahm das Ganze wie ein Held. Sein Besitzer schrieb ein Buch über seine erstaunliche Geschichte und er wurde im Fernsehen vorgestellt. Oscar führt nicht nur ein normales Leben, er ist auch eine Inspiration für andere verletzte Tiere (und Menschen). Als erstes Tier mit zwei bionischen Beinprothesen hält auch er einen Guiness-Weltrekord.

GEBOREN 2007
JERSEY, KANALINSELN

MIEZEN ALS MUSEN

Die bionische Katze Oscar spornte einen Tierarzt zu einer Operation an, die er so noch nie zuvor durchgeführt hatte. Auch andere Kätzchen haben Menschen schon dazu inspiriert, über sich hinauszuwachsen:

Wann immer der berühmte Astronom **EDWIN HUBBLE** an seinem Schreibtisch arbeitete, breitete sich sein Kater **NICOLAUS KOPERNIKUS** über so viele seiner Unterlagen aus, wie er konnte. Hubble sagte zu seiner Frau: »Er hilft mir.«

Eine schwarze Katze namens **HODGE** war der treue Begleiter von **SAMUEL JOHNSON,** bekannt für seine Erarbeitung des *Dictionary of the English Language* (1755). Auf seinem Denkmal in London wird Dr. Johnson zitiert: »Eine sehr schöne Katze, in der Tat!«

Autor **MARK TWAIN** (Samuel Clemens) mochte Katzen mehr als Menschen. Bis zu 19 von ihnen hielt er gleichzeitig, und alle mit so verrückten Namen wie **BEELZEBUB, BUFFALO BILL** und **ZOROASTER.**

EDWARD LEAR, der das Gedicht *Der Eul und die Miezekatz* schrieb, vergötterte seine Katze **FOSS.** Als er ein neues Haus bauen ließ, musste es genauso aussehen wie das alte, damit Foss sich leicht darin zurechtfinden konnte.

Die Katzen des Malers **PIERRE-AUGUSTE RENOIR** erscheinen auf vielen seiner Gemälde. Der Künstler wärmte sich im Atelier oft die Finger an seinen Stubentigern. Ein sicherer Weg, um zu beweisen, dass der Renoir ein Original ist? Prüfen, ob noch Katzenhaare in der Farbe hängen!

Der Erfinder **NIKOLA TESLA** hatte als Junge eine schwarze Katze namens **MACAK**. Einmal lud sich ihr Fell beim Streicheln auf und knisterte elektrisch. Das entfachte seinen Forschergeist und seine Begeisterung für die Elektrizität.

SIR ISAAC NEWTONS Experimente wurden oft durch das Kratzen seiner Katze **SPITHEAD** an der Tür gestört. Angeblich ließ er darum von einem Zimmermann zwei Löcher hineinschneiden – ein großes für die Katze und ein kleineres für ihre Jungen. Ob dies die erste Katzenklappe der Welt war oder nur eine nette Geschichte, lässt sich leider nicht mehr feststellen.

SALVADOR DALÍ war ein exzentrischer surrealistischer Maler aus Spanien. Sein Kätzchen **BABOU** war ein Ozelot und mindestens so exotisch wie sein Besitzer. Die leopardenähnliche Wildkatze stammt aus Mittel- und Südamerika. Die beiden bildeten das perfekte Paar.

Der Pop-Art-Künstler **ANDY WARHOL** ist für seine großen Siebdrucke von Stars wie Marilyn Monroe und Elizabeth Taylor bekannt. Er malte und druckte auch Hunderte von Campbell-Soup-Dosen, Coca-Cola-Flaschen – und Katzen. Sein bester Freund war **SAM**, ein Siamkater, der auch in vielen seiner Zeichnungen und Gemälde verewigt ist.

PITOUTCHI
DAS KÄTZCHEN, DAS EIN LEBEN RETTETE

In Kriegszeiten dienten Katzen als Mäusejäger, Maskottchen und Glücksbringer. Leutnant Lekeux von der belgischen Armee hatte mit seinem Kätzchen mehr als Glück.

Lekeux hatte das verwaiste Kätzchen gefunden. Es war so klein, dass es mit einer Pipette gefüttert werden musste. Der Leutnant nannte es Pitoutchi – so klang es, wenn die kleine Mieze nieste. Pitoutchi wurde nicht groß, aber er war seinem Menschen treu ergeben. Er wich Lekeux nicht von der Seite. Wenn es regnete, sprang er auf Lekeux' Schulter. Sie waren nie lange getrennt.

Eines Tages war Lekeux mit Pitoutchi auf der Schulter auf Patrouille, als er plötzlich feindliche Soldaten entdeckte. Sie hoben einen neuen Schützengraben aus – das war eine wichtige Neuigkeit für seine Truppen! Lekeux versteckte sich in einem Granattrichter und fertigte einen Plan an, den er mit zurück ins Lager nehmen wollte. Er arbeitete so konzentriert, dass er drei Deutsche übersah, die sich auf den Weg in seine Richtung machten – bis es zu spät war.

Lekeux erstarrte. Er betete, dass die Soldaten ihn nicht gesehen hatten. Doch einer von ihnen rief auf Deutsch: »Er ist im Krater!« Lekeux rechnete fest damit, jede Sekunde gefangen genommen oder erschossen zu werden.

Pitoutchi erkannte, dass es hier um Leben und Tod ging. Plötzlich sprang er wie der Blitz aus dem Granatenloch hoch in die Luft und landete auf einem nahe gelegenen Holzstück. Die deutschen Soldaten waren so erschrocken, dass sie zwei Schüsse abgaben, das Kätzchen aber beide Male verfehlten.

Lachend, weil sie dachten, sie hätten die Katze mit dem Feind verwechselt, zogen die Soldaten weiter und Lekeux eilte mit der Skizze zurück ins Lager. Die kleine weiße Katze, die ihm das Leben gerettet hatte, ritt stolz auf seiner Schulter.

1914–UNBEKANNT
BELGIEN

EISBÄR
DIE KATZE, DIE ZUR WEIHNACHT KAM

An einem verschneiten Weihnachtsabend saß in New York City ein schmutziger, nasser, bis auf die Knochen abgemagerter Kater zitternd in einer dunklen Gasse. Zufällig wurde Cleveland Amory, ein Tierschützer und Journalist, auf ihn aufmerksam und nahm ihn mit nach Hause. Ohne dass sie es damals wussten, sollten sich ihrer beider Leben von diesem Moment an für immer verändern.

Cleveland badete den dürren Kater, der sich unter all dem Dreck und dem schmutzigen Grau als reinweiß entpuppte. Eisbär (wie er ihn nannte) fühlte sich schnell zu Hause und sie wurden die besten Freunde.

Cleveland schrieb ein Buch über ihr erstes gemeinsames Jahr. Es heißt *Die Katze, die zur Weihnacht kam* und erzählt die Geschichte einer eigenwilligen Straßenkatze und eines mürrischen Kerls, der noch nie zuvor eine Katze besessen hatte. Das Buch – und seine beiden Folgebände – wurden sofort ein Hit und Eisbär zur berühmtesten Katze Amerikas.

Eisbär selbst ließ das allerdings völlig kalt. Er war an Fernsehauftritten und Lesereisen nicht interessiert. Er wollte keine Filmstars treffen oder Zeitschriften-Cover schmücken. Die 11 000 Fanbriefe, die er erhalten hatte, waren ihm mehr oder weniger egal – außer denen mit Katzenminze vielleicht.
Eisbär war sich sicher, dass Ruhm nicht alles war.

Lieber besuchte er die *Black-Beauty-Ranch,* die Cleveland in Texas als Zufluchtsort für misshandelte und verlassene Tiere eröffnet hatte. Er hielt weiterhin treu zu dem Mann, der unzähligen Tieren half und immer als jemand in Erinnerung bleiben wird, der der besonderen Beziehung zwischen Katz und Mensch ein Gesicht gegeben hat.

1977–1992
USA

10 MÖGLICHKEITEN, KATZEN IN NOT ZU HELFEN

CLEVELAND AMORY hatte vor **EISBÄR** zwar nie eine Katze gehabt, aber er liebte Tiere von klein auf und engagierte sich sein Leben lang für sie. Egal, wie alt man ist – es gibt viele Möglichkeiten, notleidenden Katzen und ihren Jungen zu helfen.

HIER SIND EIN PAAR IDEEN:

1. Bitte Freunde und Bekannte, ihre Haustiere **STERILISIEREN** oder **KASTRIEREN** zu lassen. So müssen weniger obdachlose Katzen auf der Straße oder in überfüllten Tierheimen leiden.

2. Sammle durch Gelegenheitsarbeiten, einen Kuchenverkauf oder Spenden **GELD** für eine **TIERSCHUTZORGANISATION**.

3. Arbeite ehrenamtlich in einer **AUFFANGSTATION**. Käfige reinigen, Fressnäpfe füllen, Kätzchen streicheln und versorgen, am Aufbau der Online-Präsenz mitarbeiten – es gibt viel, was du als freiwilliger Helfer tun kannst.

4. ADOPTIEREN, nicht kaufen. Es gibt Millionen bezaubernder Fellknäuel da draußen, die dringend ein Zuhause brauchen. Überlege dir aber vorher gut, ob du überhaupt ein Kätzchen halten kannst. Ein Lebewesen bedeutet eine große Verantwortung. Hole eine Katze immer aus dem Tierheim oder vom Katzenschutzverein, nicht vom Züchter.

5. Sammle **GEGENSTÄNDE,** die die Auffangstationen dringend brauchen, wie zum Beispiel Katzenfutter, Katzenstreu, Spielzeug, alte Handtücher und Decken.

6. Bitte Freunde und Familie an deinem Geburtstag oder zu besonderen Anlässen anstelle von Geschenken um **SPENDEN** an Tierheime oder Wohltätigkeitsorganisationen. Menschen oder Tieren in Not zu helfen, ist das beste Geschenk von allen.

7. Viele Kätzchen brauchen eine Unterkunft, während sie auf ein dauerhaftes Zuhause warten. Nimm vorübergehend eine Katze **IN PFLEGE.** Der Abschied wird vielleicht schwerfallen, aber es ist doch schön zu wissen, dass du helfen konntest, sie mit auf den Weg zu ihrer neuen Familie zu bringen.

8. HILF SOFORT, wenn du ein Tier in Not siehst. Gib der Polizei oder dem Tierschutz Bescheid, damit sie sich darum kümmern.

9. Sei zu allen Katzen **FREUNDLICH.** Niedliche, verspielte Baby-Kätzchen bekommen immer viel Aufmerksamkeit. Aber ältere Katzen sind genauso wunderbar. Mach es dir also zur Aufgabe, auch ihnen etwas mehr Liebe zu schenken.

10. SAG ES ALLEN WEITER! Poste zum Beispiel das Foto der Katze, die ein neues Zuhause sucht, über die sozialen Medien. Vielleicht erreichst du im richtigen Moment genau die Person, die gerade ein neues Kätzchen sucht.

KATZEN-TIPP

Weitere Informationen, Möglichkeiten, sich zu engagieren, tolle Ratschläge zur Katzenpflege, inspirierende Rettungsgeschichten, Fakten und Statistiken zu Katzen, Quellen für Katzenfotos und Videos und noch vieles mehr findest du unter den Website-Links auf Seite 145.

PYRO
DAS FLIEGENDE KÄTZCHEN

Pyro wurde in Schottland auf einem Stützpunkt der Royal Air Force geboren. Er war noch ein winziges Kätzchen, als er sich auf der Suche nach einer warmen Bleibe vorsichtig in die Dunkelkammer des Fotografen Bob Bird schlich. Bob adoptierte ihn sofort und nannte ihn Pyro.

Wenn Bob zu seinen streng geheimen Flugmissionen aufbrach, wartete Pyro auf dem Militärflugplatz etwas verloren auf seine Rückkehr. Er wirkte einsam, wenn er allein gelassen wurde, also entschied Bob, ihn in seiner Fliegerjacke lieber mitzunehmen. Bob pfiff, wenn er auf den Flugplatz ging, und Pyro sprang sofort herbei, denn er liebte das Fliegen.

Bob hatte Pyro gerettet – und eines bitterkalten Tages rettete Pyro nun Bob. Gerade flogen sie in großer Höhe und das Kätzchen kuschelte sich wie immer in Bobs Jacke, als plötzlich Eis die Flügel ihres Flugzeugs blockierte und die Maschine ins Meer stürzte! Während Bob auf seine Rettung wartete, drohten ihm schwere Erfrierungen. Er nutzte Pyros Körperwärme, um seine Hände zu wärmen. Die Ärzte sagten Bob später, dass er ohne Pyros Hilfe seine Finger vermutlich verloren hätte.

Die Piloten auf dem Stützpunkt hielten Pyro für einen Schutzpatron gegen Kobolde – imaginäre Kreaturen, die für viele Unfälle verantwortlich gemacht wurden. Sie baten daher darum, sich Pyro »ausleihen« zu dürfen, wenn sie gefährliche Missionen flogen.

Bob stimmte zu, solange auch Pyro einverstanden war. Die Katze schien instinktiv zu spüren, wie wichtig es war, die Moral der Soldaten in dieser schweren Zeit hochzuhalten.

Als Pyros engster Freund während des Krieges wäre Bob stolz darauf gewesen, dass das heldenhafte Verhalten seiner Katze, wenn auch viele Jahre später, doch noch anerkannt wurde. Das furchtlose Flieger-Kätzchen wurde von der PDSA, einer Wohltätigkeitsorganisation für Tiere, rückwirkend noch mit einer Tapferkeitsmedaille ausgezeichnet.

1942–1945
SCHOTTLAND

ROOM 8
LEGENDÄRES SCHULMASKOTTCHEN

Als in Kalifornien ein abgemagerter getigerter Kater in das Klassenzimmer einer sechsten Klasse schlenderte, waren die Kinder begeistert. Sie gaben ihm etwas Milch und teilten ihr Mittagessen mit ihm. Am nächsten Tag kam er zurück und folgte ihnen in die Klasse. Und blieb dort auch. Die Schule adoptierte die Katze und benannte sie nach dem Klassenraum, in dem sie die meiste Zeit verbrachte – »Room 8«.

Die Schüler verwöhnten Room 8 mit so vielen Leckereien, dass er schon bald zu dick wurde. Daraufhin entschied die Schule, einen der Schüler zum offiziellen »Katzenfütterer« zu ernennen, ein Job, den jeder gern übernommen hätte. Zum Ende des Schuljahres schloss sich Room 8 den Absolventen der sechsten Klasse für ihr Klassenfoto an und saß dabei in den Armen des Schülers, der ihn füttern durfte.

Niemand wusste etwas über die Vergangenheit von Room 8 oder wo er die Schulferien verbrachte. Der Schulleiter forschte nach und fand heraus, dass ihr geliebtes Maskottchen von seinen früheren Besitzern sehr schlecht behandelt worden war. Er musste auf der Suche nach einem neuen, besseren Leben in die Schule gekommen sein – und hatte es definitiv gefunden!

Nachdem eine Zeitung seine Geschichte gedruckt hatte, wurde Room 8 eingeladen, an Katzenausstellungen und anderen lokalen Veranstaltungen teilzunehmen. Ein Magazin veröffentlichte einen Artikel über ihn und der Schulleiter schrieb seine Geschichte in einem Buch nieder. Es gab sogar eine Fernsehdokumentation über ihn. Er bekam sein Leben lang eine Menge Fanpost – insgesamt etwa 10 000 Briefe! Viele waren einfach nur an »Room 8, Los Angeles, Kalifornien, USA« adressiert, aber sie alle fanden ihren Weg zu ihm.

Room 8 wurde sehr berühmt. Vor der Schule sind heute noch die ihm zu Ehren abgenommen Pfotenabdrücke im Zement zu sehen. Sein Vermächtnis lebt weiter, bis heute.

1947–1965
USA

KATZEN ALS LEBENSRETTER

Katzen wie **ROOM 8** können genauso loyal sein wie Hunde. Sie gehen mit ihren Menschen durch dick und dünn und passen gut auf sie auf. Einige sind zu allem bereit, wenn es darum geht, ihren Menschen zu zeigen, was sie ihnen bedeuten: Sie riskieren alles und retten ihnen sogar das **LEBEN**.

Der vierjährige Jeremy saß auf einem Fahrrad vor seinem Haus, als er von einem Hund aus der Nachbarschaft angegriffen wurde. **TARA**, Jeremys Familienkatze, schlug sofort zurück. Sie stürzte sich fauchend auf den Angreifer, erschreckte ihn damit zu Tode und vertrieb ihn so.

Als Gary einmal aus seinem Rollstuhl fiel, schaffte er es nicht mehr bis zum Telefon, um Hilfe zu rufen. Dafür gelang es seiner Katze **TOMMY**, die Kurzwahltaste des Telefons für den Notdienst zu drücken.

Trudy schlief tief und fest, als **SCHNAUTZIE** plötzlich auf ihre Brust sprang. Er weckte sie mit den Pfötchen – und als sie aufstand, entdeckte sie ein großes Gasleck. Schnautzie hatte gerade noch eine schlimme Explosion verhindert.

Eines Tages wurde Susan, die Diabetikerin war, in ihrem Badezimmer ohnmächtig. Katze **CHARLEY** spürte, dass etwas nicht stimmte. Sie weckte Susans Mann und führte ihn zu ihr, gerade noch rechtzeitig, um ihr die lebensrettende Insulinspritze verabreichen zu können.

Als Terrier Izzy von einem größeren Hund angegriffen wurde, tat Izzys Katzenfreund **SAMMY** alles, um die Aufmerksamkeit des bösartigen Angreifers auf sich zu ziehen. Der ließ Izzy schließlich fallen und jagte Sammy hinterher, der auf einen Baum entkam. Er rettete Izzy damit das Leben.

Wendy hatte einen kleinen Tumor in der Brust, der bei der Vorsorge unbemerkt geblieben war. Aber Kater **FIDGE** wusste, dass irgendetwas nicht stimmte. Er knetete ihre Brust so oft mit den Pfötchen, dass sie schließlich zum Arzt ging. Die Katze hatte den Krebs erkannt, bevor er sich hatte ausbreiten können.

Eine kalifornische Frau entdeckte im Zimmer ihres Sohnes eine giftige Klapperschlange. Die Familienkatze **LUCY** hatte sich schützend vor dem Kind aufgebaut und riskierte ihr eigenes Leben, um ihn vor Schaden zu bewahren.

SAM
DIE UNSINKBARE KATZE

Kurz bevor die *Bismarck* zu ihrer ersten Mission im Zweiten Weltkrieg aufbrach, schlich sich ein Kater an Bord des deutschen Kriegsschiffs. Nach einer heftigen Schlacht sank die *Bismarck.* Es gab nur wenige Überlebende. Doch die Katze hatte Glück. Auf einem Brett an der Oberfläche treibend, wurde sie von der Besatzung der *HMS Cossack,* eines britischen Schiffes, aus dem Wasser gefischt, die ihn Oscar nannte.

Oscar hatte kein Problem damit, im Krieg die Seiten zu wechseln, und verbrachte die nächsten Monate bei der Royal Navy im Mittelmeer. Doch dann wurde sein Schiff erneut torpediert und versenkt, dieses Mal von einem deutschen U-Boot. Wie durch ein Wunder überlebte der Kater auch diesen Schiffbruch.

Wieder nahm ihn die britische Marine unter ihre Fittiche und fand, dass Oscar einen neuen Namen verdiente: der unsinkbare Sam. Man entschied außerdem, dass er auf einem Flugzeugträger wie der *HMS Ark Royal,* die als Glücksschiff galt, besser aufgehoben war. Eigenartigerweise wurde auch dieses Schiff nur wenige Wochen später angegriffen.

Armer Sam! Wieder fand man ihn an eine Planke geklammert im Wasser treibend. Seine Retter beschrieben ihn als »stinksauer, aber körperlich unversehrt«. Kein Wunder, dass er nicht gerade begeistert war bei drei Schiffbrüchen in einem Jahr!

Nun, genug war genug. Sam wurde an Land versetzt und Chefmäusefänger im Haus des Gouverneurs von Gibraltar. Später zog er sich in ein Seemannsheim in Großbritannien zurück, wo er glücklich den Rest seines aufregenden Lebens verbrachte.

Noch heute kann man im *National Maritime Museum* in Greenwich, England, ein Pastellporträt betrachten, das Sam zeigt, wie er gelassen auf einem Holzstück des schwimmenden Wracks thront. Trotz des Krieges war ihm immer egal gewesen, wessen Mäuse er fing – die der Deutschen oder die der Alliierten. Das machte ihn in dieser Zeit ziemlich einzigartig!

1941–1955
DEUTSCHLAND / ENGLAND

AUF-IN-DEN-KAMPF-KATZEN

Katzen werden in der Geschichte der Militärtiere häufig übersehen. Das ist eine echte Schande, denn es kursieren viele **FASZINIERENDE GESCHICHTEN** über das couragierte Verhalten von Katzen in **KRIEGSZEITEN:**

Im Jahr **500 V. CHR.** braute sich zwischen **ÄGYPTEN** und **PERSIEN** ein Krieg zusammen. Der persische König Cambyses II. entwickelte eine bizarre, aber geniale Angriffsstrategie. Wissend, dass Katzen den Ägyptern heilig waren, ließ er Hunderte von ihnen auf das Schlachtfeld treiben. Es funktionierte! Die ägyptischen Soldaten hatten tatsächlich **PANISCHE ANGST** davor, ein Kätzchen zu verletzen, sodass Tausende von ihnen sofort kapitulierten. Wer hätte gedacht, dass ein paar flauschige Kätzchen zu einer so mächtigen Waffe werden können!

IM 16. JAHRHUNDERT entwickelten deutsche **MILITÄRFORSCHER** den grausamen Plan, Katzen zur Verbreitung von Giftgas einzusetzen. Die Idee war, mit Gas gefüllte Glasgefäße an den Halsbändern von Katzen zu befestigen und sie hinter die feindliche Front zu schicken. Der Plan ging allerdings nach hinten los, als die Katzen umdrehten und zu ihren eigenen Truppen zurückliefen. **UPS!** So fand die grausame Idee ein schnelles Ende.

1854 besetzten britische und französische Truppen die russische Hafenstadt **SEWASTOPOL**. Eine Katze namens **CRIMEAN TOM** führte die hungernden Truppen zu den geheimen Lebensmittellagern der Russen. Zum Dank dafür, dass sie ihnen das Leben gerettet hatte, nahmen die Männer die Katze bei sich auf.

US-Präsident **ABRAHAM LINCOLN** liebte Katzen. **1865,** während des Amerikanischen Bürgerkrieges, besuchte er einmal das Hauptquartier seiner Armee und stieß dort auf drei verwaiste Kätzchen. Er hob sie vorsichtig auf und befahl seinen Männern, ihnen Milch zu geben und sich gut um sie zu kümmern.

Auch **GENERAL ROBERT E. LEE,** der Gegner Präsident Lincolns im Bürgerkrieg, war ein großer Katzenfreund. Der Anführer der Konföderierten Armee teilte sein Zelt mit einigen von ihnen, teils zur Mäusejagd, teils, weil er ihre Gesellschaft schätzte.

HELDENKATZEN

Es ist nur wenig bekannt, dass Katzen in **KRIEGEN** und anderen Konflikten wichtige Funktionen übernahmen. Die sogenannten **KRIEGSKATZEN** waren Maskottchen, Mäusefänger und Moralverstärker zugleich. Ihr bezauberndes Wesen und ihre lustigen Possen erinnerten die Menschen an das »normale« Leben und die Geborgenheit ihres Zuhauses.

Ein britischer Kater namens **BOMBER** entwickelte im **ZWEITEN WELTKRIEG** die Fähigkeit, am Fluggeräusch den Unterschied zwischen britischer Royal Air Force und feindlichen Flugzeugen zu erkennen. Ging er in Deckung, bedeutete das Gefahr und signalisierte seiner Familie, ihm schnell in den Luftschutz zu folgen.

Abergläubische amerikanische Piloten sollen im **ZWEITEN WELTKRIEG** eine schwarze Katze namens **CAPTAIN MIDNIGHT** über Deutschland geflogen haben. Sie sollte »den Weg des Diktators Adolf Hitler kreuzen« und ihm damit Unglück bringen.

Eine russische Spionagekatze namens **MOURKA** spielte in einer entscheidenden Schlacht des **ZWEITEN WELTKRIEGS** eine große Rolle. Die erstaunliche Katze mit dem Spitznamen »Heldenkatze von Stalingrad« riskierte ihr Leben, als sie Flugblätter und geheime Nachrichten durch feindliche Besatzungszonen schmuggelte.

Während des **KOREAKRIEGES** rettete ein amerikanischer Marinesoldat ein kleines Kätzchen, das er **MISS HAP** taufte. Er wurde von Heiratsanträgen nur so überschwemmt, als ein Foto von ihm, auf dem er das Kleine mit der Flasche fütterte, in der Zeitung erschien. Miss Hap wurde zum Maskottchen der militärischen Pressestelle erklärt.

Im Jahr **2004** zog eines Tages ein Kater in das amerikanische Hauptquartier im Irak ein. **HAMMER** arbeitete als Mäusejäger, diente aber auch als Therapiekatze für heimwehkranke und vom Stress ausgelaugte Soldaten. Dankbar machte die Truppe ihn zum Ehrenmitglied der Einheit und nahm ihn später mit zurück nach Amerika.

SCARLETT
MUT IN DEN FLAMMEN

Die Feuerwehrleute New York Citys eilten herbei, als in einer verlassenen Garage in Brooklyn ein Feuer gemeldet wurde. Einer von ihnen bemerkte eine dürre dreifarbige Katze, die ihre Jungen eins nach dem anderen vor den Flammen in Sicherheit brachte. Die Mutterkatze erlitt dabei schwere Verbrennungen, sie konnte vor lauter Brandblasen kaum noch etwas sehen. Voller Fürsorge kontrollierte sie mit der Nase jedes ihrer Kleinen, um sicherzustellen, dass sie alle gerettet waren – 1, 2, 3, 4, 5. Dann brach sie völlig erschöpft zusammen.

Der Feuerwehrmann brachte die verletzte Katzenfamilie schnell zu einer nahe gelegenen Tierklinik. Das Muttertier war in so schlechter Verfassung, dass einer der Mitarbeiter bei seinem Anblick in Tränen ausbrach.

Aber Scarlett (wie sie später genannt wurde) war eine echte Kämpferin. Nach drei Monaten Genesungszeit von der schrecklichen Tortur blieben zwar eine eingeschränkte Sehkraft, leichte Deformationen an den Augen und beschädigte Ohrenspitzen zurück, aber sie lebte – so wie vier ihrer Jungen, die sich dank ihr wieder gut erholt hatten! Eins hatte es leider nicht geschafft.

Scarletts unglaublicher Heldenmut machte auf der ganzen Welt Schlagzeilen. Tausende von Menschen boten an, ihr oder ihren Kindern ein schönes Zuhause zu geben. Scarletts Betreuer wägten gründlich ab, was das Beste für die Katzen wäre.

Auf einer überfüllten Pressekonferenz wurden schließlich die neuen Familien der Kätzchen bekannt gegeben. Die Jungen wurden paarweise adoptiert, und Scarlett lebte fortan bei einer Frau, die nach einem Autounfall selbst eine lange und schmerzhafte Phase der Genesung durchlitten hatte. Sie wusste, was Scarlett durchgemacht hatte, und wollte sich gerne um ein Kätzchen mit besonderen Bedürfnissen kümmern.

Scarlett wurde ins Fernsehen eingeladen und die Leute schrieben Bücher und Artikel über sie. Ihr zu Ehren wurde ein Sonderpreis ins Leben gerufen: der »Scarlett-Award für Tierhelden«, der bis heute an besonders heldenhafte Tiere verliehen wird.

1995–2008
USA

WARUM SIND KATZEN SO SELTSAM?

Katzen verhalten sich (zumindest aus menschlicher Sicht) manchmal ziemlich **EIGENARTIG**. Kannst du das **VERHALTEN** deiner Katze erklären? Mit diesem Quiz findest du es heraus!

1. WARUM MÖGEN KATZEN KISTEN?

A) Weil sie ein sicheres Versteck sind.

B) Weil es darin schön warm ist.

C) Weil es darin eng und gemütlich ist.

2. WARUM HASSEN KATZEN ES, NASS ZU WERDEN?

A) Das geht nicht allen Katzen so.

B) Katzen können nicht schwimmen.

C) Nass sehen sie lächerlich aus.

3. WARUM MÖGEN KATZEN HÖHERGELEGENE PLÄTZE?

A) Sie fühlen sich dort sicherer.

B) Es ist wärmer dort.

C) Beides.

4. WARUM BENUTZEN KATZEN EIN KATZENKLO?

A) Reinlichkeit ist ihnen wichtig.

B) Aus Instinkt.

C) Sie spielen gerne im Sand.

5. WAS SIND »ZOOMIES«?

A) Anfälle, bei denen Katzen plötzlich ohne ersichtlichen Grund wild herumrennen.

B) Geister verstorbener Katzen.

C) Alle Spielzeuge, die Katzenminze enthalten.

6. WARUM SIND KATZEN NACH KATZENMINZE VERRÜCKT?

A) Sind sie gar nicht, das ist ein Mythos.

B) Der Geruch macht sie hyperaktiv.

C) Das kann niemand richtig erklären.

7. WARUM PFLEGEN SICH KATZEN SO INTENSIV?

A) Aus Langeweile.

B) Dafür gibt es alle möglichen Gründe.

C) Aus Nervosität.

8. WARUM SIND HAUSKATZEN IN DER MORGEN- UND ABENDDÄMMERUNG AM LEBHAFTESTEN?

A) Sie mögen es nicht, wenn es zu hell ist.

B) Sie sind dämmerungsaktiv.

C) Sind sie gar nicht – die Behauptung stimmt nicht.

SCHAU BEI DEN LÖSUNGEN AUF SEITE 142 NACH, WIE DU ABGESCHNITTEN HAST!

SIMON
BRITISCHER MARINE-KRIEGSHELD

Simon kam schon als kleines Kätzchen an Bord des britischen Kriegsschiffes *Amethyst* und wurde schnell zu einem ausgezeichneten Mäusefänger und zum Maskottchen der Mannschaft. Doch bei einer Fahrt auf dem Jangtse-Fluss bewies Simon, dass er außerdem auch noch ein waschechter Kriegsheld war.

Auf dem Weg nach China griffen chinesische Soldaten, die sich im Bürgerkrieg befanden, das Schiff an. Der Kapitän und 24 Besatzungsmitglieder wurden sofort getötet und andere an Bord schwer verletzt, so auch Simon. Der Schiffsarzt behandelte seine schlimmen Wunden und Verbrennungen, aber man rechnete nicht damit, dass der Kater die Nacht überleben würde. Doch das tat er.

Gestrandet hinter feindlichen Linien, war das Leben an Bord heiß, drückend und langweilig. Und es gab Ratten. VIELE Ratten! Auch wenn Simon sich noch nicht ganz wieder erholt hatte: Seine Jagdfähigkeiten wurden dringend gebraucht, um den schwindenden Proviant zu beschützen. Also machte er sich an die Arbeit und fing im Schnitt eine Ratte pro Tag, eine widerlicher als die andere. Die Crew war ihrem Helden zu großem Dank verpflichtet und beförderte ihn sogar zu »Simon, den Vollmatrosen«.

Simon sorgte auch dafür, dass die verletzten Seeleute ihren Mut nicht verloren. Er setzte sich zu ihnen aufs Bett und beruhigte sie mit dem Kneten seiner Pfötchen und seinem Schnurren. Voller Vorfreude warteten die jungen Männer auf seine Besuche. Er war eine der ersten Therapiekatzen der Welt.

Die chinesische Belagerung dauerte über drei Monate. Rettung war nicht in Sicht, der Proviant wurde knapp. Die einzige Chance bestand darin, die Flucht zu wagen – mit Erfolg! Die lange Zeit der Qual war endlich vorbei!

Schnell verbreitete sich die gute Nachricht. Alle Besatzungsmitglieder wurden als Helden gefeiert – auch Simon! Der neue Kapitän nominierte ihn für die »PDSA Dickin Medal«, eine Medaille, die Tieren für Heldenmut in Kriegszeiten verliehen wird. Simon ist und bleibt bis heute die erste und einzige Katze, der diese Ehre zuteilwurde.

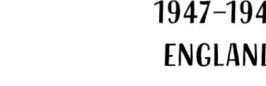

1947–1949
ENGLAND

KATZENREKORDE

Viele Tiere zeigten in Kriegszeiten einen bewundernswerten **HELDENMUT.** Ihnen zu Ehren wurde 1943 eine spezielle Medaille geschaffen, die »PDSA Dickin Medal«, die schon an Hunde, Tauben, Pferde und bisher eine einzige Katze – Simon, den Vollmatrosen – verliehen wurde.

DOCH AUCH ANDERE KATZEN HABEN AUF IHRE EIGENE, GANZ FABELHAFTE ART UND WEISE GESCHICHTE GESCHRIEBEN:

Die texanische Katzenmama **DUSTY** brachte in ihrem Leben 420 Junge zur Welt – und ist damit die absolute **REKORD-KATZENMUTTER!**

Den **GRÖSSTEN KATZENWURF** aller Zeiten gab es in Großbritannien: gleich 19 Kätzchen auf einen Streich!

Als 1988 der britische Millionär Ben Rea starb, bedachte er in seinem Testament drei Wohltätigkeitsorganisationen für Katzen, seinen Gärtner, Mechaniker und Klempner und schenkte einem Freund ein Haus. Der größte Teil seines Vermögens allerdings ging an seine Katze. Mit 7 Millionen Britischen Pfund (rund 7 800 000 Euro) für Spielzeug und Leckerlis war **BLACKIE** die mit Abstand **REICHSTE KATZE** der Welt.

Das Katzenpaar **PHET** und **PLOY** aus Thailand feierte mit rund 20 000 Euro Kosten und ca. 500 Gästen die **TEUERSTE KATZENHOCHZEIT** aller Zeiten!

Mit fast 19 Zentimetern gehörten die **LÄNGSTEN SCHNURRHAARE** der finnischen Maine-Coon-Katze **MISSI**.

86,3 Dezibel betrug das **LAUTESTE SCHNURREN,** das jemals aufgenommen wurde – mit freundlicher Genehmigung von **SMOKEY,** einer britischen Katze.

Die **LÄNGSTE KATZE** der Welt war **STEWIE,** eine Maine Coon. Von der Nasenspitze bis zum Ende ihres Steißbeins war sie 123 Zentimeter lang.

Die **ÄLTESTE KATZE** aller Zeiten war **CREME PUFF** in Texas. Sie lebte 38 Jahre und 3 Tage.

Der Kater **MR PEEBLES** hatte einen genetischen Defekt, der ihn zur **KLEINSTEN LEBENDEN KATZE** der Welt machte. Er wog etwa 1,4 Kilogramm und war etwas über 15 Zentimeter hoch.

Die **ÄLTESTE KATZENMUTTER** stammte aus England. **KITTY** hatte mit 30 Jahren noch zwei Junge.

Die **TEUERSTE KATZE** der Welt ist **ZEUS,** eine Kreuzung aus asiatischer Leopardenkatze und kurzhaariger Hauskatze. Im Jahr 2017 lag sein Wert in etwa bei 111 000 Euro.

Mit 1,8 Metern gelang **ALLEY** 2013 in Texas unter den Katzen der **LÄNGSTE SPRUNG** der Welt.

SNOWBALL
DIE KATZE, DIE EINEN MORD AUFKLÄRTE

Als auf Prince Edward Island in Kanada eine Frau ermordet wurde, fand man ganz in der Nähe des Tatorts eine Lederjacke mit Blutspritzern und zwei Dutzend weißer Haare darauf – ein entscheidendes Beweisstück, wie sich herausstellte.

Tests zeigten, dass die Haare aus dem Fell einer Katze stammten. Einer der Ermittler erinnerte sich, im Haus eines der Verdächtigen eine weiße Katze gesehen zu haben – Snowball, die Familienkatze. Stammten die weißen Katzenhaare von ihr? Das sollte ein wichtiges Indiz zur Lösung des Falles darstellen.

Es gab nur einen Haken. Selbst am Menschen waren DNA-Tests damals kaum erforscht. Aber DNA-Tests an Tieren? Das hatte es noch nie gegeben. Doch der ermittelnde Beamte blieb beharrlich. Schließlich fand er einen Experten, der die Haare untersuchen konnte. Wie sich herausstellte, passten die Haare genetisch hundertprozentig zu einer Blutprobe von Snowball!

Die Staatsanwaltschaft musste nun nur noch beweisen, dass die DNA ausschließlich Snowball gehörte und keiner anderen Katze auf der Insel. Die Polizei sammelte circa 20 Streuner ein und testete sie. Keine der Proben ähnelte der von Snowball. Damit wurde die Katze zur Hauptzeugin des Falls.

Der Tatverdächtige wurde schließlich aufgrund der Indizien des Mordes überführt und verschwand für lange Zeit hinter Gittern. Der Fall schrieb Rechtsgeschichte. Es war das erste Mal, dass man sich in einem Strafprozess auf tierische DNA berief. Die Zeitungsjournalisten überschlugen sich in dem Versuch, sich gegenseitig mit Schlagzeilen zu übertrumpfen, die Wortspiele mit dem Begriff »Katze« enthielten, wie »Katz-astrophe für Kriminelle!« oder »Ge-fellt, gestellt!«.

Heute ist die forensische Wissenschaft weit fortgeschritten. Fell, Blut und Urin von Tieren werden häufig zur Aufklärung von Verbrechen herangezogen. Einige Länder führen sogar DNA-Datenbanken für Katzen und Hunde. Dank Snowball kann man böse Jungs heute im Handumdrehen überführen.

CA. 1994–UNBEKANNT
USA

SOCKS
AMERIKAS »FIRST CAT«

Als Bill Clinton noch Gouverneur von Arkansas war, sah seine Tochter eines Tages im Garten ihres Klavierlehrers kleine Kätzchen spielen. Eins von ihnen sprang ihr direkt in die Arme, so als wolle es sagen: »Du bist jetzt mein Mensch!« Und so schloss sich Socks der Familie Clinton an. Als Bill Clinton schließlich zum Präsidenten der Vereinigten Staaten gewählt wurde, zog Socks mit ins Weiße Haus in Washington ein.

Zur eigenen Sicherheit durfte Socks auf dem Gelände des Weißen Hauses nicht herumstreunen. Er wurde auf dem südlichen Rasen an einer langen Leine ausgeführt. Dort gab es viele Eichhörnchen und Vögel zu jagen und er befreundete sich mit einem Streuner namens Slippers.

War es kalt oder regnerisch draußen, hing Socks im Ostflügel des Weißen Hauses oder in seinem dreigeschossigen Katzenhaus ab oder er genoss ein Nickerchen auf einem Stuhl im Büro der persönlichen Sekretärin des Präsidenten, Betty Currie. Socks stand nicht gern in der Öffentlichkeit; als »First Cat« hatte er aber trotzdem einige repräsentative Aufgaben zu erfüllen. Er besuchte Krankenhäuser, Kinderheime und Pflegeeinrichtungen, schnurrte auf dem Schoß der First Lady und posierte für Fotos. Er reiste in einem schicken Korb, der mit dem Siegel des Präsidenten geschmückt war. Ab und zu durfte er sogar Limousine fahren. Socks erhielt Berge von Fanpost; pensionierte Soldaten waren so freundlich, ihm bei der Beantwortung jedes Briefes zu helfen.

Als Clintons Tochter aufs College ging, adoptierte der Präsident zusätzlich einen Welpen namens Buddy. Socks und Buddy konnten sich nicht ausstehen. Man war ratlos, wie man das Problem lösen sollte. Glücklicherweise hatte Betty Currie Socks sehr lieb gewonnen und bot ihm bei sich ein neues Zuhause an. Er war glücklich, der Öffentlichkeit den Rücken kehren zu dürfen, und verbrachte den Rest seines Lebens »in Zivil« in ihrem Haus in Maryland.

1990–2009
USA

MONDÄNE MIEZEKÄTZCHEN

In der Geschichte gab es viele Kätzchen, die wie **SOCKS** in Pracht und Luxus lebten! Hier einige Geschichten zu den interessantesten Power-Kätzchen aus den Zentren der Macht:

Als Präsident Teddy Roosevelt einmal einige VIPs durchs **WEISSE HAUS** führte, schlummerte seine Katze **SLIPPERS** mitten in einem der Flure. Statt sie wegzuscheuchen, bat er seine Gäste, sich doch bitte vorsichtig an der dösenden Katze vorbeizuschlängeln, um sie nicht zu stören.

Katharina die Große behandelte ihre Katzen im **WINTERPALAST** im russischen St. Petersburg wie Könige. Heute ist der Palast Teil der Eremitage, eines riesengroßen Kunstmuseums, in dem immer noch etwa 70 Kätzchen leben. Alle fleißigen **EREMITAGE-MÄUSEFÄNGER** sind ehemalige Straßenkatzen.

König Ludwig XVI. und Marie Antoinette schickten während der **FRANZÖSISCHEN REVOLUTION** sechs ihrer Kätzchen zur Sicherheit über den »Großen Teich«. Sie selbst verloren ihre Köpfe, aber die Katzen schafften es, wie man sich erzählt, bis zur Ostküste Amerikas. Waren es vielleicht diese Kätzchen, die – mit einheimischen Katzen gekreuzt – zu den Vorfahren unserer heutigen großen, flauschigen **MAINE-COON-KATZEN** wurden? Man weiß es nicht genau. Aber das wäre eine großartige Geschichte …

Auch **KÖNIG LUDWIG XV.** von Frankreich besaß verschiedene Katzen, darunter eine weiße Perser- oder Angorakatze. Sie durften sich in **VERSAILLES** frei bewegen und sogar über die Spieltische des Schlosses laufen, die für königliche Gäste aufgestellt worden waren.

Die erste japanische Hauskatze gehörte Kaiser Ichijo. Sie lebte im **KAISERLICHEN PALAST** in Tokio und hatte einen sehr ausgefallenen Titel – »Oberstes Kammerfräulein des Inneren Palastes«.

Königin Victoria war völlig verrückt nach Tieren und vergötterte ihre Perserkatze **WHITE HEATHER**, die mit ihr zusammen im Luxus des Londoner **BUCKINGHAM-PALASTES** residierte.

Auch einige römisch-katholische Päpste liebten Katzen und hielten sie im **VATIKAN** in Rom. Papst Paul II. ließ seine Katzen von seinem eigenen Leibarzt behandeln, wenn sie krank waren. Papst Paul VI. kleidete seine Kätzchen gerne in päpstliche Gewänder im Miniaturformat.

STUBBS
BÜRGERMEISTER IN ALASKA

Die kleine Stadt Talkeetna in Alaska hatte keinen offiziellen Bürgermeister. Als die Inhaberin des örtlichen Gemischtwarenladens auf ihrem Parkplatz einen kleinen Kater ohne Schwanz fand, wurde er bei den Einheimischen so beliebt, dass sie ihn zum Ehrenbürgermeister des Ortes machten.

Bürgermeister Stubbs (wie er genannt wurde) entwickelte sich zu einer echten Touristenattraktion. Leute aus aller Welt besuchten ihn in seinem Büro im Gemischtwarenladen.

Auswärtige sagten gerne: »Hey, wo finde ich denn den Bürgermeister?«, oder: »Ich habe einen Termin beim Bürgermeister!« Die Leute aus Talkeetna verdrehten dann nur die Augen. Im Gegensatz zu vielen anderen Politikern erhielt Stubbs jede Menge begeisterte Fanpost.

Einmal wurde der Bürgermeister mit dem flauschig-orangefarbenen Fell von einem Hund angegriffen und dabei schwer verletzt. Eine Crowdfunding-Kampagne half, seine Arztrechnungen zu bezahlen. Menschen auf der ganzen Welt spendeten für ihn. Stubbs verbrachte neun Tage in der Klinik, konnte dann aber schon bald wieder zu seinen Pflichten zurückkehren.

Der Hundeangriff war nicht Stubbs' einzige Begegnung mit dem Tod. Einmal entkam er ganz knapp einer Gruppe schießwütiger Jugendlicher mit Luftgewehren. Ein andermal rutschte er aus und fiel in eine – glücklicherweise ausgeschaltete – Restaurantfritteuse. Eine Zeit lang fuhr er immer waghalsig hinten auf dem Müllwagen aus der Stadt heraus … Er war wirklich eine Katze mit neun Leben, wie die Geschichten über ihn beweisen.

Jeden Nachmittag kehrte Stubbs in ein lokales Restaurant ein, um sich etwas mit Katzenminze gewürztes Wasser zu gönnen. Er trank es am liebsten aus einem Weinglas. Auch kleinen »Bestechungshappen« (in Form von Lachs- oder Krabbenresten) war er nicht abgeneigt. Doch das schien niemanden zu stören. Ein Stadtbewohner sagte: »Er hat für nichts gestimmt, wofür ich nicht auch nicht gestimmt hätte.«

1997–2017

USA

KATZEN IM EINSATZ!

Katzen wissen längst, dass sie die Welt beherrschen. Aber einige von ihnen, so wie **STUBBS,** wollen mehr: Sie möchten **»KATZ-ALYSATOREN«** für ein besseres Leben sein. Hier sind sieben von ihnen, die politisch aktiv geworden sind:

In einer inoffiziellen Umfrage zur Wunschbesetzung des Bürgermeisteramtes einer sibirischen Stadt gewann Kater Barsik fast 92 % der Stimmen. Die Bewohner hatten die Nase voll von ihrem alten Bürgermeister. Sie wollten etwas ganz Neues. Und wer könnte das Ruder besser herumreißen als eine Katze?

CATMANDO war drei Jahre lang Stellvertretender Vorsitzender der britischen *OMRLP – Official Monster Raving Loony Party* (»Offizielle Partei der rasenden verrückten Ungeheuer«)« und damit die einzige Katze, die jemals eine politische Partei leitete. Eines seiner Hauptziele: sichere Katzenüberwege an allen stark befahrenen Hauptstraßen.

DR. JEKYLL, eine flauschige fuchsrote Katze, eroberte 2016 das Weiße Haus für sich. Im selben Jahr trat die demokratische Katze **LIMBERBUTT MCCUBBINS** zur Wahl an und forderte unter anderem eine kostengünstige Gesundheitsversorgung für Haustiere. Ihr Hashtag war mit **#MEOWISTHETIME** sehr einprägsam.

Kater **EARL GREY** kandidierte 2015 als Vorsitzender der Tuxedo-Partei für das Amt des kanadischen Premierministers. Sein größtes Anliegen war der Kampf gegen Tierquälerei. Er war etwas zurückhaltender als sein verstorbener Bruder Tuxedo Stan, doch ein Hauch von Katzenminze bewirkte Wunder bei ihm.

HANK ließ sich 2012 mit dem Slogan »WÄHLT DIE MENSCHEN WIEDER AB« für den Senat der Vereinigten Staaten aufstellen. Zu seinen Themen gehörten unter anderem Tierrettung, Sterilisation und Kastration. Seine Kampagne wurde mit dem Film *Wild About Hank* dokumentiert.

Um Bürgermeister von Xalapa in Mexiko zu werden, startete Katzenkandidat **»CANDIGATO« MORRIS** eine Social-Media-Kampagne. Sein Slogan lautete: **»STIMM NICHT FÜR DIE RATZ, WÄHL LIEBER DIE KATZ!«** Er verlor zwar, schnitt aber immer noch besser ab als drei seiner menschlichen Mitbewerber.

TUXEDO STAN kandidierte 2012 für das Bürgermeisteramt in Halifax, Kanada. Die Tuxedo-Partei hatte das Ziel, auf das Problem der permanent wachsenden Population von Straßenkatzen aufmerksam zu machen. Seine Kampagne erfuhr sogar international Beachtung. Leider sind Tiere in Halifax zum Bürgermeisteramt nicht zugelassen.

AUCH IM ALTEN ÄGYPTEN VERGÖTTERTE MAN »KATZEN IM EINSATZ« – MEHR DAZU AUF DER NÄCHSTEN SEITE!

ALS KATZEN NOCH GÖTTER WAREN

Katzen waren in der rauen Wüstenlandschaft Ägyptens sehr wichtig. Sie töteten die Ratten und Mäuse, die das Getreide schädigten, und vertrieben tödliche Schlangen und Skorpione. Ohne Katzen hätte die moderne Zivilisation sich vielleicht ganz anders entwickelt. Hier sind einige Fakten über die coolen Katzen des alten Ägypten.

Die alten Ägypter betrachteten Katzen als **HEILIGE TIERE** mit **MAGISCHEN KRÄFTEN**. Sie glaubten, dass eine Katze ihr Haus schützen, ihnen Glück bringen und die Kranken heilen würde.

Die Ägypter hatten viele Götter und Göttinnen. Eine der bekanntesten war die **KATZENGÖTTIN BASTET**. Sie war freundlich und sanft, mit dem Körper einer Frau und dem Kopf einer Katze. Viele glaubten, dass Katzen die Nachkommen von Bastet seien und wie Könige und Königinnen behandelt werden sollten.

Katzen waren so ein wichtiger Teil des ägyptischen Lebens, dass Familien offiziell trauerten, wenn ihre Katzen starben. Sie rasierten sich sogar die Augenbrauen, um ihren **KUMMER** zu zeigen!

Die Ägypter liebten ihre Katzen so sehr, dass der **WERT EINES KATZENLEBENS** dem des Menschen gleichgesetzt war. Jeder, der eine Katze tötete, und sei es auch aus Versehen, konnte mit dem Tod bestraft werden.

Das ägyptische Wort für »Katze« – **»MAU«** – klingt fast wie das »Miau« einer echten Katze.

ÄGYPTISCHE AMULETTE mit dem Bild einer Katze und ihrer Jungen sollten Frauen helfen, die sich ein Kind wünschten.

Man glaubte, dass sich der ägyptische Sonnengott Ra **JEDE NACHT IN EINE KATZE VERWANDELTE,** um in dieser Gestalt die böse Schlange Apophis zu bekämpfen.

Die alten Ägypter verehrten die Sonne und fürchteten die Dunkelheit. Umso faszinierter und ehrfürchtiger waren sie angesichts der beeindruckenden Fähigkeit der Katze, **IM DUNKELN ZU SEHEN**.

Es war strengstens verboten, Ägyptens kostbare Katzen **AUSSER LANDES ZU VERKAUFEN,** doch Schwarzmarkthändler und Schmuggler hielten sich nicht an dieses Gesetz.

Überall auf altägyptischen Gemälden, auf Schmuck und Skulpturen finden wir Bilder von Katzen, die mit **JUWELEN BESETZT** sind. Man zeigte sie so gut wie nie schlafend, sondern meist im Sitzen, da dies als Zeichen des Respekts galt.

Die erste altägyptische Katze, von der ein **NAME** überliefert ist, war **BOUHAKI,** die auf antiken ägyptischen Schnitzereien aus der Zeit um 1950 v. Chr. auftaucht.

KATZEN-FAKTEN

Die Mumifizierung der Toten war für die alten Ägypter elementar. Sie glaubten, dass ihnen der Erhalt ihrer Körper die Unsterblichkeit bringen würde. Auch ihre Katzen wurden mumifiziert. Eine Katzenmumie konnte als Tempelopfer dienen, in einem Massengrab beigesetzt oder in einem Grab direkt neben ihrem Besitzer platziert werden. Einige trauernde Besitzer packten ihren Kätzchen sogar ein paar herrlich leckere Mumienmäuse für die Reise ins Jenseits ein.

TAMA
JAPANS FLAUSCHIGSTE BAHNHOFSVORSTEHERIN

Die Japaner glauben, dass es Glück bringt, freundlich zu Katzen zu sein.
Das gilt definitiv für ein Kätzchen namens Tama, das das Schicksal
einer großen Firma nachhaltig verändert hat.

Tama wuchs in der japanischen Provinz, gleich neben dem Kishi-Bahnhof auf.
Viele Leute besuchten sie, hielten kurz an, um ihr einen Snack zuzustecken oder
sie ein bisschen zu streicheln. Tama war sehr beliebt – der Bahnhof leider nicht.
Er war so schlecht frequentiert, dass die Bahngesellschaft darüber nachdachte,
ihn zu schließen – bis jemand eine verrückte Idee hatte. Warum machte man
Tama nicht zur Bahnhofsvorsteherin?

Eine Katzen-Bahnhofsvorsteherin im katzenverrückten Japan? Es stellte sich
heraus, dass die Idee genial war. Tama trug stolz ihre maßgeschneiderte Kappe
und ihr Dienstabzeichen, begrüßte die Passagiere und posierte für Fotos.
Die Leute fuhren zum Bahnhof, allein um die süße Katze bei der Arbeit zu
betrachten. Es kamen so viele, dass sich nach und nach der Bahnhof und alle
Züge wieder füllten. So wurde die Eisenbahngesellschaft vor der Pleite bewahrt.

Tama stieg schnell zur »Obersten Bahnhofsvorsteherin« auf. Sie hatte ihr
eigenes Büro mit einem Katzenklo und zwei Katzenassistenten; ihr Gehalt
wurde in Naturalien, also in Form von Köstlichkeiten, bezahlt. Bald wurde
sie auch noch Vizepräsidentin der Eisenbahn. Damit war sie die ranghöchste
weibliche Mitarbeiterin des Unternehmens (und die einzige mit Fell).

Tamas Ruhm wuchs und wuchs, besonders nachdem sie in zwei
Dokumentationsfilmen und einer TV-Show aufgetreten war. Sie wurde zu einem
großen Star. Ihr zu Ehren wurden ein »Tama-Zug« mit katzenförmigen Sitzen
auf die Schiene gebracht und »Tama«-Cartoons veröffentlicht. Die Kishi-Station
wurde zu einem Katzengesicht umgebaut und bekam ein Café und einen
Laden, der »Tama«-Mitbringsel verkauft.

Tama ebnete auch den Weg für andere »tierische« Stationsvorsteher, darunter
weitere Katzen, aber auch Hunde, Ziegen, ein Affenpärchen und – wenn auch
nur für einen Tag – sogar ein Pinguin!

1999–2015
JAPAN

VERRÜCKT NACH KATZEN

Japan ist ein Land, das absolut verrückt nach Katzen ist. Hier ein kleiner Überblick, wie katzenverrückt man sein kann:

Als **TAMA,** die Stationsvorsteherin, nach acht Jahren Berufstätigkeit starb, erklärte man sie kurzerhand zur **SHINTŌ-GÖTTIN** und sie erhielt außerdem einen fantastischen neuen Titel. Sie war nun die **»EHRENWERTE EWIGE STATIONSVORSTEHERIN«**!

Bei einem Spaziergang in Japan sieht man überall Katzengesichter, auf fast jedem denkbaren Produkt. Man kann Katzencafés besuchen, sich katzenartig kleiden und sogar katzenförmige Pizzen, Kuchen und Nudeln essen.

Wie lässt sich diese Katzenbesessenheit erklären? Ein Grund dafür ist sicherlich, dass Katzen schon seit jeher in der japanischen Tradition besondere Kräfte zugeschrieben werden. Sie sind Symbole des **GLÜCKS**. Außerdem sind Katzen besonders niedlich – und Niedlichkeit ist in Japan eine sehr begehrte Eigenschaft.

Hier sind einige Dinge, die sich **KATZENLIEBHABER IN JAPAN** nicht entgehen lassen sollten:

Der **GOTOKUJI-TEMPEL** in Tokio ist der berühmte Geburtsort der **MANEKI NEKO,** der winkenden Katze mit dem Glückszauber. Die Legende besagt, dass die Tempelkatze einst bei schwerem Sturm einen Feudalherrn mit der Pfote hereinwinkte und ihn so vor Schaden bewahrte. Heute sind hier Tausende von **GLÜCKSKATZENFIGUREN** ausgestellt.

Tokio hat über hundert **KATZENCAFÉS,** in denen man Caffè Latte trinken und mit süßen kleinen Kätzchen spielen kann. Es gibt sogar einen Katzencafé-Zug voller Kätzchen, die ein neues Zuhause suchen.

Die Pilgerfahrt zum **HELLO-KITTY-PARK** in Tokio ist ein Muss für jeden Fan der süßen Cartoon-Katze. Über 1,5 Millionen Menschen kommen jedes Jahr hierher, um sich in Shows und Karussells zu vergnügen und sich die lebensgroße Nachbildung von Hello Kittys Haus anzuschauen.

Auf Tashirojima, einer von ungefähr zwölf **KATZENINSELN** jenseits des japanischen Festlands, gibt es mehr Kätzchen als Menschen.

Im **GOTANJO-TEMPEL** – auch bekannt als Kitty-Tempel – werden Dutzende von Straßenkatzen von **BUDDHISTISCHEN MÖNCHEN** betreut. Besucher können sich hier ein besonderes Katzen-Glück voraussagen sagen lassen, um zu sehen, was im kommenden Jahr auf sie zukommt.

An jedem 22. Februar feiern die Japaner den **NYAN-NYAN-NYAN-TAG.** Das Wort für »zwei« klingt im Japanischen wie das Wort für »miauen«. Das Datum 22.2. (Nyan-Nyan-Nyan) wird also wie **MIAU-MIAU-MIAU** ausgesprochen. Ein perfektes Datum also für einen Katzentag – und ein lustiger Anlass, um alle möglichen Fotos und Videos von bezaubernden Kätzchen auf den Social-Media-Kanälen zu posten.

Natürlich wird auch die Welt des **JAPANISCHEN ZEICHENTRICKFILMS** von verschiedensten Katzenfiguren bevölkert. Der skurrile Animationsfilm *Kikis kleiner Lieferservice* erzählt die Geschichte einer kleinen Hexe und ihrer sarkastischen schwarzen Katze namens **JIJI.** Ein anderer Animationsfilm, *Das Königreich der Katzen,* handelt von einem jungen Mädchen, das über die traumhafte Fähigkeit verfügt, mit Katzen sprechen zu können. Auch in japanischen Comics **(MANGA)** und in der Werbung finden sich viele Katzencharaktere.

TOWSER
DIE FLEISSIGSTE DESTILLERIE-KATZE DER WELT

Vor der Destillerie Glenturret, der vermutlich ältesten Whiskybrennerei Schottlands, steht die Bronzestatue von Towser, dem größten Mäusefänger aller Zeiten.

Seit Jahrhunderten gehen Katzen in Destillerien auf Nagetierpatrouille. Whisky entsteht aus Getreide, und wo Getreide ist, gibt es Mäuse. Und Towser spielte als Mäusejäger in einer eigenen Liga! Für den Rekord von 28 899 gefangenen Mäusen wurde er vom Guinness-Weltrekord-Team mit dem Titel »Weltbester Mäusefänger« ausgezeichnet.

28 899 tote Mäuse – wie kommt man bloß auf diese unglaubliche Zahl? Hat Towser seine Opfer jeden Morgen zum Zählen ausgelegt? Nein.

Es war vielmehr so: Das Guinness-Weltrekord-Team hörte von Towser und erlebte bei einem Besuch sein Naturtalent in Aktion. Man schätzte daraufhin, dass er an jedem Tag seines Erwachsenenleben ungefähr drei Mäuse gefangen hatte – und errechnete daraus die gesamte Menge. Niemals wieder hat eine andere Katze eine annähernd ähnliche Zahl erreicht. Ihr Rekord ist und bleibt vermutlich für alle Zeiten ungebrochen.

Worin lag das Geheimnis von Towsers Erfolg? Man munkelt zwar, dass es etwas mit dem »Quäntchen« Whisky zu tun haben könnte, das jeden Abend in seiner Milch landete. Wahrscheinlicher aber ist, dass er einfach den Nervenkitzel der Jagd unendlich liebte.

Fast 24 Jahre lang machte Towsers Herrschaft als oberster Mäusefänger von Glenturret ihn – mit Fernsehauftritten und Fan-Fotos – zu einer Berühmtheit. Doch die Zeiten haben sich geändert. Heute ist es für eine Brennerei-Katze offenbar viel wichtiger, süß und charmant zu sein, als ein guter Jäger. Towser würde sich im Grabe umdrehen! Na ja, aber zumindest wird er so für immer die absolute Nummer eins unter den Mäusefängern bleiben.

1963–1987
SCHOTTLAND

ACHTUNG! KATZEN BEI DER ARBEIT

Es gab über die Jahre viele **HART ARBEITENDE KATZEN** mit Jobs wie **TOWSER**, dem Champion der Mäusefänger.

HIER KOMMEN NOCH EIN PAAR GESCHICHTEN ÜBER ANDERE FLEISSIGE ARBEITSKATZEN:

FEEDBACK war der Mäusebeauftragte des amerikanischen Radiosenders WJCO Radio. Nachts ging er auf die Jagd, tagsüber begrüßte er die Besucher. Ab und an hing er auch mal im Studio herum, um der Sendung die besondere »katzenhafte Note« zu verleihen.

SABLE war als Schülerlotsen-Katze im Dienst und trug stolz und ganz offiziell ihre eigene orangefarbene Jacke im Straßenverkehr. Sie nahm ihren Job sehr ernst (bitte jetzt keine Witze über schwarze Katzen, die die Straße überqueren) und liebte es, Kinder auf dem Weg zur Schule zu beschützen!

Siamkater **JASON** war die erste einer langen Reihe von siamesischen Katzen, die als Moderatoren von *Blue Peter,* einer sehr beliebten englischen Kindersendung, zu regelrechten Fernsehstars wurden.

Museumskatze **MIKE** hielt 20 Jahre lang Wache am Tor des *British Museum* in London.

Fahrradkurierkater **MJ** drehte, auf der Schulter seines Menschen sitzend, seine Runden. Viele Leute erinnerten die beiden an den *Postboten Pat* und seine Katze Jess.

Feuerwehrkatze **FLAME** ist eine großartige Begleiterin für ihre Feuerwehrleute. Nach gefährlichen Einsätzen hilft sie ihnen, abzuschalten und zu entspannen. 2017 wurde Flame von der *American Society for the Prevention of Cruelty to*

Animals (»Amerikanische Gesellschaft zur Verhinderung von Gewalt gegen Tiere«) zur ASPCA-Katze des Jahres ernannt.

FRED, die »Undercover-Mieze«, half der New Yorker Polizei dabei, einen Mann zu verhaften, der sich fälschlicherweise als Tierarzt ausgab.

Kätzchen **KUZYA,** stellvertretende Bibliothekarin in einer Bücherei in Russland, trägt gerne Fliegen und hat zu einer starken Wiederbelebung der Bibliothek beigetragen. Die Leute kommen, um sie zu besuchen, und bleiben dann, um zu lesen.

Kater **BROTHER CREAM** »führte« in Hongkong einen Gemischtwarenladen und erlangte lokale Berühmtheit, als er 2012 gekidnappt und 26 Tage später in einer verlassenen Gasse wiedergefunden wurde. Der Vorfall machte Schlagzeilen und zog Fernsehauftritte und die Veröffentlichung seiner Geschichte in Buchform nach sich.

2001 war **CC (»COPY CAT«)** das erste geklonte Haustier der Welt. Sie diente als eine Art lebendes wissenschaftliches Experiment. Die Wissenschaftler sahen sie aufwachsen und analysierten ihr Leben. Abgesehen von ihrer historisch bedeutsamen Geburt war sie eine ganz normale Katze. Ihre eigenen Jungen brachte sie auf natürliche Art und Weise zur Welt.

Die CIA startete in den 1960er-Jahren ein streng geheimes Spionageprojekt. Plan war, Katzen zum Belauschen wichtiger Gespräche abzurichten. Der erste **KATZENAGENT** hatte ein Mikrofon im Ohr, einen Sender am Hals und eine Antenne im Schwanz. Nichts davon kam je zum Einsatz; und die Idee wurde schon bald wieder verworfen.

SCHON GEWUSST?

IN EINEM BELGISCHEN DORF WURDE VERSUCHT, KATZEN AUFGRUND IHRES HERVORRAGENDEN ORIENTIERUNGSSINNS ALS POSTBOTEN AUSZUBILDEN. SIE SOLLTEN MITHILFE KLEINER TASCHEN, DIE SIE UM DEN HALS TRUGEN, BRIEFE ZUSTELLEN. ZUR GROSSEN ERLEICHTERUNG DER MENSCHLICHEN POSTBOTEN SCHEITERTE DAS EXPERIMENT ABER KLÄGLICH.

TRIM
AUSTRALISCHER ABENTEURER AUF HOHER SEE

Vor einigen Jahrhunderten dachte man noch, Australien sei eine Ansammlung von Inseln. Nur Captain Matthew Flinders vermutete schon immer, dass man es mit einem Kontinent zu tun hatte. Er war darum der Erste, der den Küstenverlauf Australiens kartografierte, und das tat er nicht allein. Seine Katze Trim half ihm dabei.

Trim wurde schon auf hoher See geboren. Als kleines Kätzchen fiel er einmal über Bord, hangelte sich aber an einem Seil wieder in Sicherheit. Der Kater hatte ein in sich ruhendes Wesen, keine Angst vor Wasser und belustigte alle an Bord täglich mit neuen Tricks und witzigen Verhaltensweisen, die der Kapitän alle im Logbuch festhielt. Beim Abendessen tippte der Kater beispielsweise reihum jeden Mann mit der Pfote an. Bekam Trim einen gewünschten Leckerbissen nicht freiwillig serviert, schnappte er ihn sich dreist selbst von der Gabel!

Das Leben an Land war nichts für Trim. Er wollte lieber gleich wieder aufs Wasser. Auf der dritten Südsee-Reise des Kapitäns, beim Umsegeln des australischen Kontinents, wich er viele Jahre nicht von Flinders Seite. Nirgendwo wäre er in dieser Zeit lieber gewesen.

Auf dem Rückweg nach England zerschellte ihr Schiff an einem Korallenriff. Der Kapitän, Trim und alle anderen Überlebenden schwammen zu einer nahe gelegenen Insel, wo der Kater sie bis zu ihrer Rettung zwei Monate später immer wieder aufmunterte und ihnen Hoffnung gab. Doch ihre Pechsträhne hielt an. Als ihr Rettungsschiff für Reparaturen auf der Insel Mauritius anlegte, beschuldigte man Flinders der Spionage und verurteilte ihn zu sechs Jahren Gefängnis!

Trim blieb treu bei Flinders, bis er eines Tages plötzlich für immer verschwand. Untröstlich trauerte der Kapitän um ihn und beschrieb Trim als eines der besten Tiere, die er je kennengelernt hatte. In England und Australien sorgen bis heute Denkmäler zu Ehren des legendären Katers dafür, dass seine Geschichte nicht vergessen wird.

1797–1803
AUSTRALIEN

REISEFÜHRER FÜR KATZENLIEBHABER

Haben **TRIMS** Abenteuer das Fernweh in dir geweckt? Hier sind einige Empfehlungen für Reiseziele, die man sich als Katzenliebhaber nicht entgehen lassen sollte!

KATZENFEST, YPERN, BELGIEN

Auf der jährlich stattfindenden belgischen »Kattenstoet« (Katzenparade), einem großen Kulturfest in der ganzen Stadt, ziehen Massen von als Kätzchen verkleideten Menschen durch die Straßen. Vom berühmten Glockenturm der Stadt werden Spielzeugkatzen in die Menge geworfen.

ERNEST-HEMINGWAY-HAUS UND -MUSEUM, KEY WEST, FLORIDA, USA

Dutzende von Katzen mit sechs Zehen – Nachkommen von Hemingways »polydaktyler« Katze Snowball – durchstreifen das ehemalige Zuhause des Autors.

TORRE-ARGENTINA-KATZENSTATION, ROM, ITALIEN

Inmitten alter Ruinen leben in diesem Katzenheim Unmengen streunender Katzen. Wer sich um sie kümmern möchte, darf sich gerne als freiwilliger Helfer melden.

DAS KATZENBOOT VON AMSTERDAM, NIEDERLANDE

Die berühmteste Auffangstation der Welt für heimatlose Katzen ist das »Poezenboot«, ein Hausboot mitten in Amsterdam. Es gilt als eine der wichtigsten Touristenattraktionen.

DAS »CAFÉ DES CHATS«, PARIS, FRANKREICH

An diesem charmanten Ort finden Straßenkätzchen ein schönes neues Zuhause. Ganz in französischer Tradition liegt hier der Fokus neben den Samtpfoten aber auch auf der exquisiten Zubereitung aller Speisen für den menschlichen Gaumen.

»LUCKY CAT TRAIL«, YORK, ENGLAND

Seit Jahrhunderten wehren die Bürger von York mit Katzenstatuen auf den Dächern der ganzen Stadt böse Geister ab.

CHARTWELL, KENT, ENGLAND

Winston Churchill liebte seine rot gestromte Katze. In seinem Testament bat er darum, den Kater Jock auch nach seinem Tod seine alten Tage in dem ehemaligen Landhaus des Premierministers verbringen zu lassen. Genau genommen fand er, dass es immer eine fuchsfarbene Katze mit weißer Blesse und vier weißen Pfötchen in der Chartwell-Residenz geben sollte – und so ist dort heute schon Jock VI. zu Hause.

ISTANBUL, TÜRKEI

Die Bewohner der größten Stadt der Türkei sind sehr katzenfreundlich. Sie gewähren schon lange streunenden Katzen einen Zufluchtsort. Katzenliebhaber können im »Stray Cat Hostel« übernachten, in dem sowohl Menschen als auch Straßenkatzen immer herzlich willkommen sind.

MYKONOS, GRIECHENLAND

Diese malerische griechische Insel ist bekannt für ihre hübschen Katzen, die als lebende Postkartenmotive durch die fotogenen Kopfsteinpflasterstraßen streifen.

CIORANI, RUMÄNIEN

Mit vier Katzen auf einen menschlichen Einwohner wurde dieses Dorf zur »Weltmetropole der Katzen« erklärt.

»LADY DINAH'S CAT EMPORIUM«, LONDON, GROSSBRITANNIEN

Umschnurrt von freundlichen ehemaligen Straßenkatzen, kann man sich hier mit Tee und Kuchen verwöhnen lassen.

KUCHING, MALAYSIA

Diese weltweit erste »Katzenstadt« ist voll von Statuen, öffentlichen Kunstwerken und Museen zum Thema Katzen.

JAPAN – KATZEN, WOHIN MAN SCHAUT!

In Japan findet man überall Katzencafés, Katzentempel, Katzeninseln, Katzen-Alles. Wer Katzen liebt: einfach hinfahren!

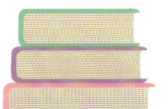

TRIXIE
GEFANGEN IM TOWER VON LONDON

Eines der gruseligsten Gebäude Englands ist der Tower von London. Er diente viele Jahrhunderte lang als Kerker, und es gab eine Zeit, in der es nichts Schrecklicheres gab, als dort zu landen.

Einer der Gefangenen im Tower war Henry Wriothesley. Er war der Verschwörung gegen Königin Elisabeth I. angeklagt. Dass er ein Lord war, machte sein Leben hinter Gittern nicht gerade einfacher. Krank, einsam und am Boden zerstört, konnte er es kaum glauben, als eines Tages plötzlich seine Lieblingskatze Trixie bei ihm auftauchte!

Wie hatte Trixie bloß den Weg in die Zelle ihres Herrchens gefunden? Einige vermuteten, dass sie sich über die Dächer geschlichen und die Wände des Turms erklommen hatte, um durch den Schornstein zu ihm hinunterzuklettern. Wahrscheinlicher ist, dass Lord Henrys Frau die Katze während eines Besuchs mit in den Tower geschmuggelt hatte. Genau wird man es wohl nie erfahren. Bekannt ist jedoch, dass Trixie Lord Henry in seiner langen und tristen Gefangenschaft immer treu beistand.

Auch Lord Henrys Liebe zu Trixie war bemerkenswert. In einer Epoche, in der Katzen für Hexerei standen, wagten nur wenige, Sympathie für sie zu zeigen, geschweige denn, sich ihnen so liebevoll zu widmen wie er. Doch der Adlige liebte seine pelzige Freundin so sehr, dass er sogar einen Künstler beauftragte, sie zu malen.

Das Bild war allerdings alles andere als ein gewöhnliches Porträt. Es bildete nicht nur ihre besonders enge Bindung ab, sondern enthielt versteckte Hinweise auf die Ergebenheit Lord Henrys gegenüber dem frisch gekrönten Monarchen James I. 1603 machte er dem König das Gemälde zum Geschenk, hoffend, sich damit aus dem Kerker zu befreien – und es funktionierte!

Aber was gab den Ausschlag für die Begnadigung? Wurde er wirklich wegen der geheimen Botschaften befreit? Oder fand der König einfach, dass ein Mann mit einem so treuen Haustier nicht wirklich gefährlich sein konnte? Wie auch immer, James I. ließ Lord Henry (zusammen mit Trixie) frei und die beiden konnten sich wieder anderen, besseren Dingen widmen.

1601–UNBEKANNT
ENGLAND

DIE HEILENDE KRAFT DER KATZEN

Katzen wie **TRIXIE** können mehr, als nur die Stimmung eines Menschen aufzuhellen. Man vermutet schon lange, dass einige Katzen **HEILENDE FÄHIGKEITEN** haben. Dafür gibt es sogar wissenschaftliche Beweise!

Mithilfe ihres sechsten Sinns können diese Katzen wie **INTUITIVE »ÄRZTE«** den Zustand ihrer Menschen erfassen. Sind diese krank oder fühlen sich nicht gut, können die Samtpfoten ihnen viel Trost und Unterstützung geben.

Spricht man über Therapietiere, denken die meisten Menschen zuerst an Hunde oder vielleicht noch an Pferde. Doch immer häufiger werden in Alten- und Pflegeheimen, Schulen, Hospizen und anderen Gesundheitseinrichtungen auch **THERAPIEKATZEN** eingesetzt.

KATZEN-FAKTEN

Eine gute Therapiekatze muss in jeder Situation freundlich, geduldig, selbstbewusst, sanft und entspannt sein. Sie muss den Kontakt zu Erwachsenen und Kindern genießen und tolerieren, dass sie von verschiedenen Menschen gestreichelt und vielleicht auch mal etwas ungeschickter behandelt wird. Sie muss sich außerdem flexibel an Anblick und Klang von medizinischen Geräten, Rollstühlen und unbekannten Geräuschen anpassen können, sowohl im Krankenhaus als auch zu Hause.

Mit einer Katze ist das Leben viel weniger **EINSAM**. Katzen sind die perfekten Begleiter für Menschen, die allein leben, besonders für ältere Menschen. Es gibt sogar Hinweise darauf, dass man mit Katzen ein längeres und gesünderes Leben führt als ohne. Schon das Streicheln einer Katze soll den Geist beruhigen und negative Gedanken vertreiben – und damit Menschen mit **DEPRESSIONEN** und **ANGSTZUSTÄNDEN** tatsächlich sehr helfen.

DIE MACHT DES SCHNURRENS

Das stetige Geräusch einer **SCHNURRENDEN KATZE** kann zum Beispiel starke Kopfschmerzen lindern. Das Schnurren erzeugt Vibrationen, die tatsächlich helfen können, die Knochen zu stärken und Schäden an den Muskeln, Bändern und Sehnen zu reparieren.

Tierärzte wissen das seit Generationen, und so besagt ein altes veterinärmedizinisches Sprichwort: »Bringt man eine Katze in einen Raum voller gebrochener Knochen, werden die Knochen heilen.«

ABER WIE FUNKTIONIERT DAS?

Ähnlich wie intensives Kraft- und Körpertraining Knochen und Muskeln **STÄRKT,** bewirkt das Schnurren einer Katze, statt hochwirksam aktiv werden zu müssen, automatisch Vibrationen im Niederfrequenzbereich mit einer vergleichbaren Wirkung.

UNGLAUBLICHE (ABER WAHRE) KATZENFAKTEN

1. Die Hauskatze ist die einzige Katzenart, die ihren Schwanz beim Gehen aufrecht halten kann.

2. Katzen sehen die Welt in Grün- und Blautönen.

3. Das Herz einer Katze schlägt fast doppelt so schnell wie das des Menschen, etwa 120–140 Schläge pro Minute.

4. Katzen haben 473 Geschmacksknospen, die Menschen 9000.

5. Eine Katze kann nicht direkt unter ihre Nase sehen.

6. Hunde müssen stubenrein erzogen werden. Die meisten Katzen benutzen das Katzenklo fast automatisch. Katzen haben einen natürlichen Instinkt, ihre Exkremente zu verscharren.

7. Katzenurin leuchtet unter ultraviolettem Licht.

8. Eine Katze kann nur rückwärts vom Baum steigen, nicht mit dem Kopf voran.

9. Katzenfell besteht zu 95 % aus Proteinen.

10. Es wurden schon Haarballen in der Größe von Cricket-Bällen aus den Mägen von Katzen entfernt.

11. Viele reinweiße Katzen mit blauen Augen sind taub.

12. Streckt eine Katze ihren Schwanz hoch in die Luft, zeigt sie damit, dass sie glücklich ist.

13. Für Katzen ist ein Fall aus niedriger Höhe gefährlicher als aus großer Höhe.

14. Die meisten Katzen schlafen täglich zwischen 12 und 16 Stunden, also etwa 70 % ihrer Lebenszeit!

15. Katzen leben in der Regel etwa 12 bis 15 Jahre. Es sind aber auch Fälle bekannt, in denen Katzen doppelt so alt wurden.

16. Schildpattkatzen sind fast immer weiblich.

17. Napoleon, Julius Cäsar und Karl XI. waren allesamt rücksichtslose Herrscher, die panische Angst vor Katzen hatten.

18. Katzen können etwa 100 verschiedene Geräusche machen.

19. Viele Katzen leiden unter Laktoseintoleranz (sie sollten also keine Kuhmilch bekommen!).

20. Schokolade und Lilien können schädlich für Katzen sein.

21. Vegetarische Kätzchen gibt es nicht. Katzen können ohne Fleisch nicht überleben.

22. Eine Gruppe von Katzen wird als Rudel bezeichnet.

23. Katzen schnurren, wenn sie glücklich sind, aber auch, wenn sie Hunger oder Angst haben und sogar, wenn sie verletzt sind.

24. Katzen kommunizieren nur mit dem Menschen miauend.

25. Katzen können Gerüche »schmecken«, dank eines speziellen Organs im Gaumen.

REBEL CATS ZEITLEISTE

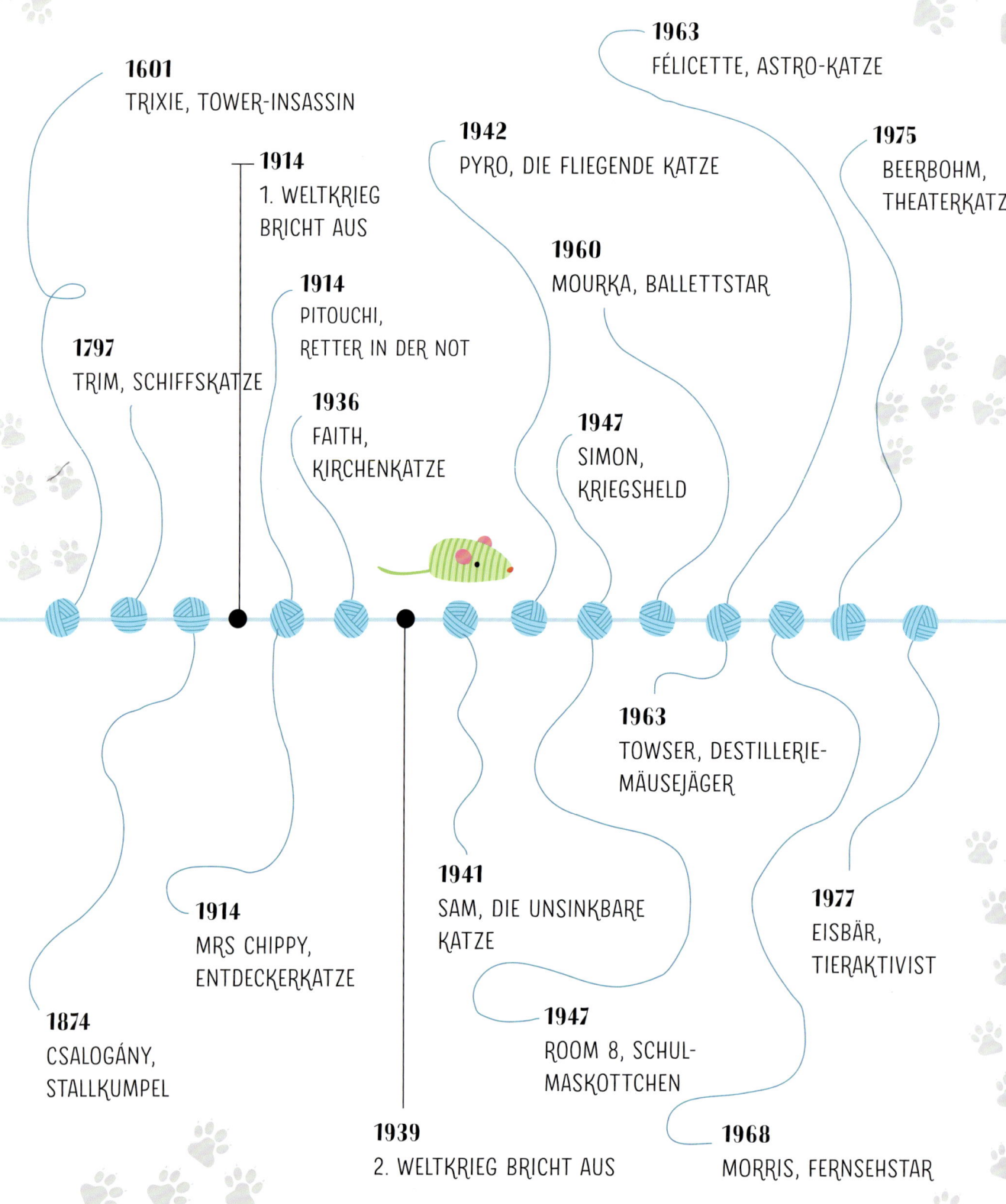

1601
TRIXIE, TOWER-INSASSIN

1797
TRIM, SCHIFFSKATZE

1914
1. WELTKRIEG
BRICHT AUS

1914
PITOUCHI,
RETTER IN DER NOT

1936
FAITH,
KIRCHENKATZE

1942
PYRO, DIE FLIEGENDE KATZE

1963
FÉLICETTE, ASTRO-KATZE

1975
BEERBOHM,
THEATERKATZE

1960
MOURKA, BALLETTSTAR

1947
SIMON,
KRIEGSHELD

1963
TOWSER, DESTILLERIE-
MÄUSEJÄGER

1874
CSALOGÁNY,
STALLKUMPEL

1914
MRS CHIPPY,
ENTDECKERKATZE

1939
2. WELTKRIEG BRICHT AUS

1941
SAM, DIE UNSINKBARE
KATZE

1947
ROOM 8, SCHUL-
MASKOTTCHEN

1968
MORRIS, FERNSEHSTAR

1977
EISBÄR,
TIERAKTIVIST

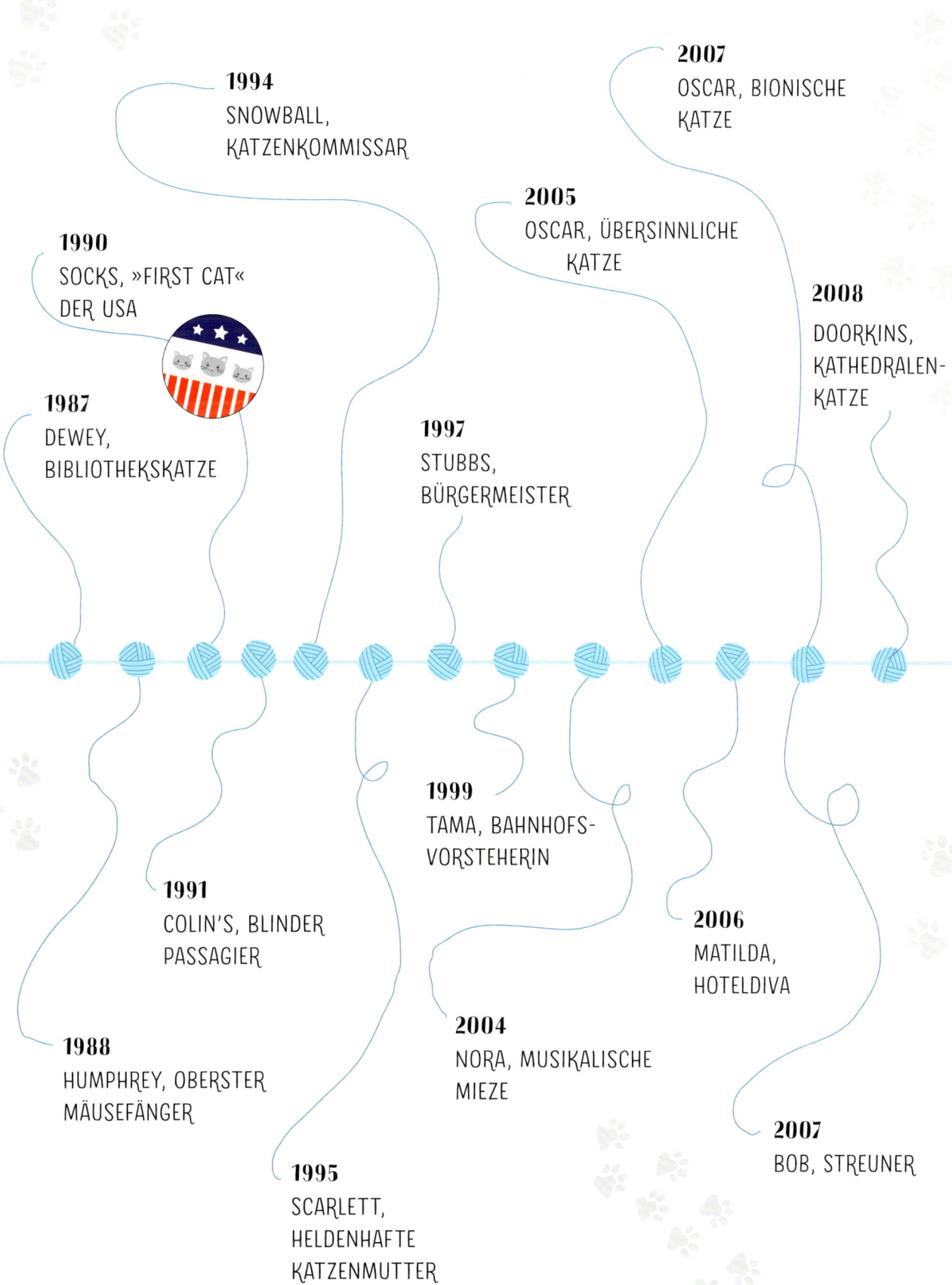

1994
SNOWBALL,
KATZENKOMMISSAR

2007
OSCAR, BIONISCHE
KATZE

2005
OSCAR, ÜBERSINNLICHE
KATZE

1990
SOCKS, »FIRST CAT«
DER USA

2008
DOORKINS,
KATHEDRALEN-
KATZE

1987
DEWEY,
BIBLIOTHEKSKATZE

1997
STUBBS,
BÜRGERMEISTER

1999
TAMA, BAHNHOFS-
VORSTEHERIN

1991
COLIN'S, BLINDER
PASSAGIER

2006
MATILDA,
HOTELDIVA

1988
HUMPHREY, OBERSTER
MÄUSEFÄNGER

2004
NORA, MUSIKALISCHE
MIEZE

2007
BOB, STREUNER

1995
SCARLETT,
HELDENHAFTE
KATZENMUTTER

GLOSSAR

ABERGLAUBE – Ein irrationaler Glaube. Es gibt viele Aberglauben über Katzen, besonders über schwarze.

ADOLF HITLER – Von 1933 bis 1945 Diktator des Deutschen Reiches und Anführer der rechtsextremen rassistischen Partei der Nationalsozialisten.

ALLIIERTE – Die verbündeten Siegernationen des Ersten und Zweiten Weltkriegs, darunter Großbritannien, Frankreich, Italien, Russland und die Vereinigten Staaten von Amerika.

AMULETT – Ein Ornament oder Schmuckstück, das wie ein Talisman vor Unheil, Gefahr oder Krankheit schützen soll.

ASAP – Abkürzung für englisch »as soon as possible« (»so schnell wie möglich«).

AUFFANGSTATION – Ein Ort, der obdachlosen Katzen temporäre Unterkunft und Schutz bietet, wie zum Beispiel ein Tierheim.

BEERBOHM – Die Theaterkatze wurde nach Sir Herbert Beerbohm Tree benannt, einem englischen Schauspieler und Theaterdirektor (1852–1917).

BELAGERUNG – Eine militärische Aktion, die die Umgebung einer Stadt oder eines Gebäudes abschottet und den Nachschub lebenswichtiger Güter unterbindet, um die Bewohner zur Kapitulation zu zwingen.

BÜRGERKRIEG – Ein Krieg zwischen Bürgern desselben Landes.

CALICO – Calico-Katzen sind in der Regel weibliche Katzen mit dreifarbigem Fell in Rot, Schwarz und Weiß.

CLARK GABLE – Legendärer amerikanischer Schauspieler, der als »The King of Hollywood« bezeichnet wurde (1901-1960).

DÄMMERUNGSAKTIV – Beschreibt Tiere, die hauptsächlich in der Morgen- und Abenddämmerung aktiv sind.

DEWEY-DEZIMALKLASSIFIKATION – Ein System, das in Bibliotheken zur Klassifizierung von Büchern und anderen Publikationen verwendet wird.

DIABETIKER – Eine Person mit Diabetes, einer Krankheit, die auftritt, wenn der Körper Glukose (eine Art von Zucker) nicht normal verstoffwechseln kann.

DNA – Die DNA enthält alle Erbinformationen eines Lebewesens und ist in jeder Körperzelle zu finden. Sie bestimmt, wie ein Lebewesen aussehen und sich verhalten wird.

FORENSISCHE WISSENSCHAFT – Nutzt wissenschaftliche Methoden zur Aufklärung von Verbrechen.

GANGWAY – Eine bewegliche Planke, die zum Ein- und Aussteigen aus einem Schiff oder Boot verwendet wird.

HAUSKATZE – Eine zahme Katze, die mit den Menschen zusammenlebt und als Haustier gehalten wird.

HMS – Abkürzung für »His/Her Majesty's Ship«, meist bei Schiffen der Marine verwendet.

KASTRATION – Operation, die verhindert, dass eine männliche Katze Nachwuchs zeugen kann.

KATZENMINZE – Eine Pflanzenart aus der Familie der Lippenblütler, die anziehende Wirkung auf Katzen hat.

KIWI – Spitzname für die Einwohner von Neuseeland.

KLON – Ein im Labor erzeugtes Lebewesen, das genetisch mit einem anderen Lebewesen identisch ist.

LITERATURAGENT – Jemand, der im Namen eines Autors über Verlagsgeschäfte verhandelt.

LUFTSCHIFF – Ballonartiges Flugzeug, das mit einem Gas wie Helium, welches leichter ist als Luft, zum Fliegen gebracht wird.

MAINE COON – Eine große, freundliche, langhaarige Katzenrasse, oft als »sanfter Riese« bezeichnet.

MIKROCHIP – Ein winziges Computerteilchen, das unter der Haut einer Katze platziert wird. Es enthält Informationen über die Katze, falls sie verloren geht.

MYTHOLOGIE – Eine Sammlung von Mythen (Geschichten), die die Geheimnisse des Lebens erklären.

PERSERKATZE – Langhaarige Katze mit einem eher runden Kopf, stämmigen Körper und kurzen, dicken Beinen.

RMS – Abkürzung für »Royal Mail Ship« (Königliches Postschiff).

ROYAL AIR FORCE – Die Luftstreitkräfte des Vereinigten Königreichs Großbritannien und Nordirland.

SCHILDPATTKATZE – Schildpatt-Tabbys sind fast immer weibliche Katzen mit einer Mischung aus rotem und schwarzem Fell.

SCHWARZER TOD – Auch bekannt als die (Beulen-)Pest, eine tödliche, sehr ansteckende Krankheit, die 1348 Millionen von Menschen in Europa dahinraffte.

SECHSTER SINN – Eine besondere Fähigkeit, etwas wahrzunehmen, ohne einen der fünf Sinne (Sehen, Hören, Tasten, Riechen oder Schmecken) zu benutzen. Häufig auch beschrieben als »Intuition« oder »Bauchgefühl«.

SPHYNX-KATZE – Eine Katzenart, die kein Fell hat. Sieht ein bisschen außerirdisch aus!

STERILISATION – Eine Operation bei weiblichen Katzen, die zur Unfruchtbarkeit führt.

STREUNER/IN – Eine zahme Katze, die ihr Zuhause oder ihren Besitzer verloren hat, aber nicht wild geboren wurde.

TABBY – »Tabby« ist keine Katzenart, sondern ein Fellmuster. Es kann getigert, gestromt oder getupft sein. Viele Tabbys haben ein Zeichen auf der Stirn, das wie ein »M« aussieht.

TANKSCHIFF – Ein Frachtschiff mit Tanks, die dazu dienen, große Mengen an Flüssigkeit (zum Beispiel Öl) zu transportieren.

TUXEDO-CAT – Eine schwarze Katze mit weißer Brust und weißen Pfoten, oft auch mit weißem Bauch.

VIP – Kurzform aus dem Englischen für »sehr wichtige Person« (»Very Important Person«).

ZÜCHTER – Jemand, der Tiere züchtet, wie zum Beispiel reinrassige Katzen.

WARUM SIND KATZEN SO SELTSAM?
QUIZ-ANTWORTEN

1. WARUM MÖGEN KATZEN KISTEN?
A: WEIL SIE EIN SICHERES VERSTECK SIND.

Katzen mögen Orte, an denen sie sich geschützt fühlen, besonders wenn sie hinaussehen können. Dies erklärt, warum Katzen Pappkartons LIEBEN, die mit ein paar Löchern versehen wurden.

2. WARUM HASSEN KATZEN ES, NASS ZU WERDEN?
A: DAS GEHT NICHT ALLEN KATZEN SO.

Manche Katzen empfinden ein schweres, nasses Fell als unangenehm. Es kann auch sein, dass sie anfangen zu frieren. Aber viele Katzen haben gar nichts gegen Wasser. Einige gehen sogar gerne schwimmen!

3. WARUM MÖGEN KATZEN HÖHERGELEGENE PLÄTZE?
C: BEIDES – SIE FÜHLEN SICH DORT SICHER UND WARM.

Eine höhergelegene Sitzposition gibt Katzen das Gefühl von Sicherheit. Sie können von dort alles überblicken und sind außerhalb der Reichweite von Hunden und anderen Gefahren. Dort oben ist es außerdem auch wärmer, weil die Wärme ja nach oben steigt.

4. WARUM BENUTZEN KATZEN EIN KATZENKLO?
B: AUS INSTINKT.

Auch Wildkatzen bedecken ihre Exkremente instinktiv. Sie tun es, um den Geruch vor ihren Räubern zu verbergen. Hauskatzen tun es aus genau demselben Grund!

5. WAS SIND »ZOOMIES«?

A: ANFÄLLE, BEI DENEN KATZEN PLÖTZLICH OHNE ERSICHTLICHEN GRUND WILD HERUMRENNEN.

Schon mal gesehen, wie eine Katze plötzlich von einem Raum zum anderen rast oder wie verrückt herumrennt? Eine klassische »Zoomie«-Attacke. Für den Menschen ist kein eindeutiger Grund dafür erkennbar. Für Katzen ist es eine lustige und harmlose Art, überschüssige Energie abzubauen.

6. WARUM SIND KATZEN NACH KATZENMINZE VERRÜCKT?

C: DAS KANN NIEMAND RICHTIG ERKLÄREN.

Einige Katzen finden den Geruch von Katzenminze unwiderstehlich. Andere lässt er völlig kalt. Wissenschaftler sind sich nicht ganz sicher, wie Katzenminze auf Katzen wirkt und warum die Wirkung immer nur eine kurze Zeit anhält.

7. WARUM PFLEGEN SICH KATZEN SO INTENSIV?

B: DAFÜR GIBT ES ALLE MÖGLICHEN GRÜNDE.

Katzen verbringen erstaunlich viel Zeit damit, sich selbst zu pflegen – etwa die Hälfte ihrer wachen Zeit! Abgesehen von der Sauberkeit pflegen sie sich so exzessiv, um natürliche Öle in ihrem Fell zu verteilen und um sich abzukühlen, indem sie ihr Fell mit Speichel befeuchten. Außerdem entspannt es sie und bietet ihnen die Möglichkeit, in einer stressigen Situation zur Ruhe zu kommen.

8. WARUM SIND HAUSKATZEN IN DER MORGEN- UND ABENDDÄMMERUNG AM LEBHAFTESTEN?

B: SIE SIND DÄMMERUNGSAKTIV.

Dämmerungsaktiv bedeutet, wie der Name schon sagt, dass ein Tier hauptsächlich in der Morgen- und in der Abenddämmerung aktiv ist. Die meisten Hauskatzen fallen in diese Kategorie, obwohl viele Katzen ihr Aktivitätsniveau auch anpassen können, sodass es häufiger mit ihren menschlichen Betreuern synchron geht.

WEITERFÜHRENDE LITERATUR

Das Lesen dieses Buches macht Lust auf mehr? Hier kommen einige Literaturtipps, um zusätzliche Details über verschiedene unserer mutigen Kätzchen zu erfahren. Einige Webseiten für Katzenfreunde folgen dann auf der nächsten Seite.

BÜCHER

BOB, DER STREUNER – James Bowen

DEWEY UND ICH. DIE WAHRE GESCHICHTE DES BERÜHMTESTEN KATERS DER WELT – Vicki Myron

DOORKINS THE CATHEDRAL CAT (ENGL.) – Lisa Gutwein

TWO PERFECTLY MARVELOUS CATS (ENGL.) – Rosamond M. Young

A DAY IN THE LIFE OF HUMPHREY THE DOWNING STREET CAT (ENGL.) – David Brawn

MATILDA, THE ALGONQUIN CAT (ENGL.) – Leslie Martini

MRS CHIPPYS LETZTE EXPEDITION IN DIE ANTARKTIS – Caroline Alexander

OSCAR. WAS UNS EIN KATER ÜBER DAS LEBEN UND DAS STERBEN LEHRT – David Dosa

OSCAR: THE BIONIC CAT (ENGL.) – Kate Allan

DIE KATZE, DIE ZUR WEIHNACHT KAM – Cleveland Amory

SCARLETT SAVES HER FAMILY (ENGL.) – Jane Martin und Jean-Claude Suarès

ABLE SEACAT SIMON (Engl.) – Lynne Barrett-Lee

DEAR SOCKS, DEAR BUDDY (ENGL.) – Hillary Rodham Clinton

TRIM: THE STORY OF A BRAVE, SEAFARING CAT (ENGL.) – Matthew Flinders

WEBSEITEN

ASPCA.ORG
Offizielle Webseite der *American Society for the Prevention of Cruelty to Animals* (Amerikanische Gesellschaft zur Verhinderung von Gewalt gegen Tiere).

CATHEDRAL.SOUTHWARK.ANGLICAN.ORG/VISITING/DOORKINS-MAGNIFICAT/
Eine Webseite, die Doorkins Magnificat gewidmet ist.

CATS.ORG.UK
Die offizielle Webseite von *Cats Protection,* Großbritanniens führender Wohltätigkeitsorganisation für Katzen. Dort finden sich Adoptionsgeschichten, hilfreiche Informationen über Katzenpflege und ein englischer »Meow!«-Blog.

TIERSCHUTZBUND.DE/INFORMATION/HINTERGRUND/HEIMTIERE/KATZEN
Der *Deutsche Tierschutzbund* ist der Dachverband der deutschen Tierheime und Tierschutzvereine, der sich auch für Katzen einsetzt. Die Webseite bietet Informationen zum Thema Tierhaltung und Katzenschutz.

CATSTER.COM
Catster stellt hilfreiche (und oft urkomische) Informationen für Katzenliebhaber zusammen.

KATZEN-FUER-KATZEN.DE
Die Webseite dieses gemeinnützigen Vereins zum Schutz von Katzen bietet Nachrichten, Informationen und Geschichten zum Thema Katzen und sammelt Spenden für Katzen in Not.

KATZENWORLD.CO.UK
Katzenworld bietet viele niedliche Geschichten über Katzen, aber auch ernstere Artikel zu Themen wie Katzengesundheit, praktische Tipps und Ratschläge, Produktbewertungen und Wettbewerbe.

NORATHEPIANOCAT.COM/CATCERTO
Eine Webseite, die Nora, der Klavierkatze, gewidmet ist.

RSPCA.ORG.UK
Die offizielle Website der *Royal Society for the Prevention of Cruelty to Animals,* einer der ältesten und größten Tierschutzorganisationen der Welt.

STREETCATBOB.WORLD
Diese Website ist Bob, dem Streuner, gewidmet.

TIPP
Seien Sie online bitte immer vorsichtig. Wir haben verlagsseitig alle Anstrengungen unternommen, um sicherzustellen, dass die empfohlenen Webseiten und die darauf zu findenden Informationen aktuell und unbedenklich sind. arsEdition GmbH kann für die Inhalte Dritter und Veränderungen auf den Seiten aber keine Haftung übernehmen.

ÜBER DIE AUTORIN

Die Schriftstellerin **KIMBERLIE HAMILTON**, die mit ihrem Verlobten John und vier Katzen aus dem sonnigen Südkalifornien ins neblige Nordschottland gezogen ist, hat im Laufe der Jahre schon sehr, sehr viel geschrieben: Reiseführer, Drehbücher, Webseiten und Lehrmaterialien für ihre englischen Schüler in Japan. Sie liebt Tiere (besonders Katzen!) und schreibt gerne unterhaltsame Sachbücher für Kinder. Kimberlie hat einen Master-Abschluss als Drehbuchautorin an der *University of California,* Los Angeles, und erwirbt derzeit einen weiteren Master in kreativer und kultureller Kommunikation an der *University of Aberdeen.* Ihre neuesten Abenteuer und Fotos findet man auf ihrem Reise- und Lifestyle-Blog »The Hippie Chick's Guide to the Highlands«.

KIMBERLIEHAMILTON.CO.UK

Kimberlie bedankt sich bei ihren treuen Gefährten in Katzengestalt, Scout und Sammy Jo, die sie zu diesem Buch (und vielen anderen Dingen) inspirierten.

SCOUT

Assistent der Autorin

SAMMY JO

Kreativberater

ÜBER DIE ILLUSTRATOR/INNEN

ALLIE RUNNION

Allie ist Designerin und Illustratorin. Sie hat einen Abschluss an der *Rhode Island School of Design* in Illustration und Englisch und war auf Vollzeit- oder Freelancer-Basis schon für diverse Unternehmen tätig. Von ihr stammen die Illustrationen zu **DEWEY** und **STUBBS**.

ANDREW GARDNER

Andrew wuchs mit vier Katzen auf und hat schon als Kind ständig vor sich hin gekritzelt. Nach einem Jahrzehnt als Designer und Artdirector entschied er sich, doch lieber seiner Leidenschaft für Illustration und Storytelling zu folgen. Seine Illustrationen: **MRS CHIPPY** und **TOWSER**.

BECKY DAVIES

Becky ist eine britische Illustratorin, die mit ihrem Partner im schönen Chepstow in Wales lebt und arbeitet. Ihr Illustrations-Studium an der *University of Gloucestershire* schloss sie mit Auszeichnung ab. Illustrationen: **MATILDA** und **SIMON**.

CHARLOTTE ARCHER

Charlotte fand im Alter von 18 Jahren einen Job bei einer Grußkartenfirma. So konnte sie sich autodidaktisch zur Illustratorin und Designerin entwickeln. Heute, über 15 Jahre später, hat sie sich als freiberufliche Illustratorin fest etabliert. Von ihr stammen diverse Illustrationen in diesem Buch.

EMMA JAYNE

Die Illustratorin Emma Jayne lebt in der malerischen Grafschaft Cheshire im Nordwesten Großbritanniens. Sie arbeitet sehr gerne in einer Mischung aus traditionellen wie auch digitalen Maltechniken. Dabei beginnt sie im ersten Schritt zumeist mit Gouache, Tinte und Buntstiften, um ihren Arbeiten dann in Photoshop den letzten Schliff zu geben. Illustrationen: SCARLETT und HUMPHREY.

HOLLY STERLING

Holly, die aus dem Nordosten Englands kommt, ist freiberufliche Kinderbuchautorin und Illustratorin. Sie arbeitet am liebsten von Hand mit einer Vielzahl verschiedenster Materialien und Techniken, darunter Aquarell, Bleistift und verschiedene Druckverfahren. Illustrationen: FAITH und NORA.

HUI SKIPP

Hui wuchs in Taiwan auf und absolvierte ein Studium der Bildhauerei und Bildenden Kunst. Hui liebt Tiere, von kleinen Termiten bis hin zu riesigen Buckelwalen, die im Pazifik tanzen. Illustrationen: MORRIS und PYRO.

JESSICA SMITH

Jess ist Absolventin der *Falmouth University* und lebt derzeit in einer kleinen Stadt in der Nähe von Oxford. Sie arbeitet gerne konzeptionell; Größe und Perspektive spielen in ihren Bildern eine große Rolle. Ihre Illustrationen: COLIN'S und ROOM 8.

KATIE WILSON

Katie lebt und arbeitet in einem alten Eisenbahnhaus auf der atemberaubend schönen Südinsel Neuseelands. Sie zeichnet sowohl für Erwachsene als auch für Kinder. Ihre handgefertigten Illustrationen sind sehr süß und fröhlich.
Von ihr stammen: **DOORKINS** und **TRIM**.

LILY ROSSITER

Die Illustratorin und Keramikerin Lily liebt alle Arten von Mustern und Bilderbüchern. Ihr Stil ist naiv und eigenwillig, mit einer charmanten, spielerischen Note.
Ihre Illustrationen: **CSALOGÁNY** und **SNOWBALL**.

MICHELLE HIRD

Michelle ist Autorin, Illustratorin und Grafikdesignerin. Ihre Arbeiten wurden schon in zahlreichen Magazinen ausführlich vorgestellt. Anlässlich eines ihrer Beiträge für das »KFH Magazine« wurde sie 2015 für den *Best Illustration Award* nominiert. Ihre Illustrationen: **FÉLICETTE** und **OSCAR**.

NAN LAWSON

Nan arbeitet als bebrillte, kaffeetrinkende Illustratorin in Los Angeles, wo sie mit Mann, Tochter und zwei molligen Katzen lebt. Ihre Kunden stammen sowohl aus der Verlagswelt als auch aus der Fernsehbranche. Ihre Illustrationen: **MOURKA** und **PITOUCHI**.

OLIVIA HOLDEN

Olivia wurde in einem kleinen Dorf in Lancashire geboren und wuchs dort auch auf. Nach ihrem Studium entwickelte sie ihre große Liebe zu Druck und Illustration weiter und schuf eigene Kreationen für Textilien, Bücher und Schreibwaren. Ihre Illustrationen: **BOB** und **OSCAR**.

RACHEL ALLSOP

Rachel arbeitet in einem kleinen Studio in ihrem Haus in Lancashire. Sie findet die Natur mehr als inspirierend und bezieht gerne Pflanzen und Tiere in ihre Illustrationen ein. Ihre ersten Lebensjahre verbrachte sie in Japan, dessen Kultur ihre Arbeit bis heute stark beeinflusst. Farben machen sie glücklich – je heller, desto besser! Ihre Illustrationen: EISBÄR und TAMA.

RACHEL SANSON

Rachel stammt aus Nordengland und graduierte an der *University of Lincoln* in Illustration, nachdem sie drei Jahre lang in einem kleinen Atelier studiert hatte, das ganz oben auf einem Hügel lag. Illustrationen: SAM und TRIXIE.

SAM LOMAN

Sam machte 2005 an der Kunstakademie von Rotterdam einen Abschluss in Illustration und graduierte 2011 an der *Hertfordshire University* in Kunst und Design. Mit ihrer Design-Agentur ist sie in den Bereichen Illustration, Grafikdesign, Fotografie und Produktdesign tätig und schreibt auch Kinderbücher. Ihre Illustrationen: BEERBOHM und SOCKS.

REGISTER